陈军　秦德智　著

云南新型城镇化
建设路径探索

Research
on the Construction Path
of New Urbanization
in Yunnan

社会科学文献出版社
SOCIAL SCIENCES ACADEMIC PRESS (CHINA)

目 录

第一章 云南新型城镇化建设的理论基础 / 1
 第一节 新型城镇化建设相关理论 / 2
 第二节 云南城镇化的历史逻辑与时代路径 / 14

第二章 云南新型城镇化建设政策环境 / 23
 第一节 国家新型城镇化建设政策 / 23
 第二节 云南省新型城镇化建设政策分析 / 34
 第三节 云南现行新型城镇化建设指标及政策
    协同分析 / 46

第三章 云南省新型城镇化建设的现状 / 53
 第一节 云南省经济社会发展现状 / 53
 第二节 云南省进城农民工生存现状 / 62
 第三节 云南省城镇居民的生活质量 / 67
 第四节 云南省城镇建设状况 / 78

第五节 云南省新型城镇化建设中的

不足和误区 / 83

第四章 国内外城镇化建设的经验与启示 / 88

第一节 国外城镇化建设的经验 / 88

第二节 中国东部沿海地区新型城镇化建设

的经验 / 102

第三节 中国西南地区新型城镇化建设的经验 / 116

第四节 国内外经验对云南新型城镇化建设

的启示 / 125

第五章 云南省新型城镇化建设水平评价 / 133

第一节 云南省新型城镇化建设水平评价

指标体系 / 134

第二节 云南省人口城镇化建设水平分析 / 151

第三节 云南省城镇经济建设水平分析 / 158

第四节 云南省空间城镇化建设水平 / 173

第五节 云南省新型城镇化建设质量分析 / 176

第六节 云南省新型城镇化建设水平综合评价 / 194

第六章 云南省新型城镇化建设构想 / 213

第一节 总体思路 / 213

第二节 基本原则 / 214

第三节 发展目标与任务 / 215

第七章 云南省新型城镇化建设路径 / 220

第一节 城镇体系建设路径 / 220

第二节 城镇建设路径 / 223

第三节 城镇产业发展路径 / 226

第四节 人口城镇化路径 / 229

第五节 城镇居民生活质量改善路径 / 234

第六节 民族文化保护和传承路径 / 237

参考文献 / 241

后　记 / 248

第一章
云南新型城镇化建设的理论基础

2012年11月，党的十八大报告指出，要坚持走中国特色新型工业化、信息化、城镇化、农业现代化道路，推动信息化和工业化深度融合、工业化和城镇化良性互动、城镇化和农业现代化相互协调，促进工业化、信息化、城镇化、农业现代化同步发展。2014年3月，《国家新型城镇化规划（2014—2020年）》发布，标志着中国城镇化发展的重大转型。该规划成为指导全国城镇化健康发展的宏观性、战略性、基础性规划。云南省紧随其后于2014年4月出台了《云南省新型城镇化规划（2014—2020年）》。云南作为一个边疆省份，虽然按照规划进行了6年的建设，但其城镇化建设水平仍远低于东部发达地区，也低于全国平均水平。因此，探索云南省新型城镇化建设的有效路径，是云南省政府所面临的一个迫切需要解决的现实问题，也是实现云南省"十四五"城镇化建设目标的重要内容。梳理新型城镇化建设的相关理论，能够为云南省新型城镇化建设寻找有效路径奠定理论基础。

第一节　新型城镇化建设相关理论

一　新型城镇化的概念

学术界关于新型城镇化主题的研究始于 2005 年，冯尚春（2005）在其论文《中国特色城镇化道路与产业结构升级》中提出走中国特色的城镇化道路，随后 8 年内相关研究处于缓慢发展阶段，直至 2013 年相关论文开始增多，2014 年和 2015 年达到峰值。从学术界的研究现状可以看出，新型城镇化的研究自 2013 年开始成为热点。关于新型城镇化的概念，到目前并没有形成学术上相对统一、明确的定义，但是一般认为新型城镇化在内涵、特征、目标、内容、模式和路径上有别于传统城镇化（见表 1-1）。

表 1-1　新型城镇化概念

年份	学者	新型城镇化概念表述
2013	单卓然、黄亚平	以民生、可持续发展和质量为内涵，以追求平等、幸福、转型、绿色、健康和集约为核心目标，以实现区域统筹与协调一体、产业升级与低碳转型、生态文明和集约高效、制度改革和体制创新为重点内容的崭新的城镇化过程
2013	王素斋	按照统筹城乡、布局合理、节约土地、功能完善、以大带小的原则，由市场主导、政府引导的城镇化机制推动，实现城镇化与工业化、信息化和农业现代化良性互动，大中小城市和小城镇的合理布局与协调发展，形成资源节约、环境友好、经济高效、社会和谐、城乡一体的集约、智慧、低碳、绿色城镇化道路

续表

年份	学者	新型城镇化概念表述
2013	倪鹏飞	以科学发展观为指导方针，坚持"全面、协调、可持续推进"的原则，以人口城镇化为核心内容，以信息化、农业产业化和新型工业化为动力，以"内涵增长"为发展方式，以"政府引导、市场运作"为机制保障，走可持续发展道路，建设城乡一体的城市中国
2014	段进军、殷悦	具有新机制、新阶段、新模式、新动力、新格局、新目标的中国特色城镇化
2014	张许颖、黄匡时	以人为核心的城镇化
2014	徐选国、杨君	要实现农村转移人口的城镇化和市民化，以农村转移人口为核心，通过政治、经济、文化、社会、生态等多元目标协调推进，实现城乡民众在公共服务获取、社会保障供给，以及其他公民权利均衡分配等方面的目标，以达到幸福生活的状态
2016	宋连胜、金月华	对城镇化及小城镇理论与实践的扬弃与超越，实现生活方式、就业方式、公共服务、空间区域、社会治理城市化以及人居环境的优美化

新型城镇化是中国特色社会主义城镇化（梁本凡，2016：16），是全面提高城镇化质量，加快转变城镇化发展方式，以人的城镇化为核心，有序推进农业转移人口市民化；以城市群为主体形态，推动大中小城市和小城镇协调发展；以综合承载能力为支撑，提升城市可持续发展水平；以体制机制创新为保障，通过改革释放城镇化发展潜力，走以人为本、"四化"同步、优化布局、生态文明、文化传承的中国特色新型城镇化道路。

二 新型城镇化建设的内涵

近年来，随着《国家新型城镇化规划（2014—2020年）》

的实施，学术界围绕"新型城镇化内涵"进行了探索，初步形成了三方面的研究成果（宋连胜、金月华，2016：47）。一是从目标导向入手探索何为新型城镇化，认为新型城镇化就是要以人为本来实现经济与社会的发展。二是基于资源整合探索新型城镇化内涵，把它当成一个从设计到实施均涉及各方资源的庞大系统工程，通过协调诸要素之间的关系，实现整体性发展。三是运用对比的方法探寻新型城镇化内涵。

新型城镇化不仅是一个城镇数量与人口规模扩大的过程，也是一个城镇结构和功能转变的过程，最终表现为城镇人口的增加、城镇规模的扩大以及城镇现代化和集约化程度的提高，核心是人的城镇化（刘士义，2017：63）。人的城镇化是指在城镇化的过程中将人的要素放在突出位置，围绕人的生存权和发展权来推进城镇化进程，即以"以人为本"为发展理念，以造福百姓、惠及人民为目标，以人的保障为支撑，以态度、价值观、生活习惯和行为方式转变为途径，实现人的素质的提高，促进人的心理与行为相适应，实现城乡文化的融合，全面提升人的满意度与幸福感，最终实现社会的和谐与可持续发展（江波，2017：41）。"人的城镇化"的重点、难点在于"人"，发展要凸显人的诉求，侧重于人的城镇化权益及其实现，其中留村农民、城郊失地农民、农民工三大群体参与城镇化的程度不同，其城镇化诉求也不尽相同，大城市新生代农民工的城镇化诉求最强烈（吴业苗，2016：4）。

新型城镇化应构建集约化和生态化模式，实现城镇功能的多元化，构建合理的城镇体系，最终实现城乡一体化发展（彭红碧、杨峰，2010：75）。段进军和殷悦（2014）认为新型城镇化应实现政府主导型城镇化向市场主导型城镇化的转型；实现由"化地"到"化人"的重大转变；实现由外生城镇化模式到内生城镇化模式的转变；实现由投资出口驱动到消费驱动的转变；由"非均衡型"的城镇化转为"均衡型"的城镇化，加快中小城市、小城镇发展，优化城镇体系空间格局。

从经济内涵看，新型城镇化是以新发展理念为统领，坚持以人为本，以新型工业化和信息化为动力，以统筹兼顾为原则，追求人口、经济、社会、资源、环境等协调发展的城乡一体化的城镇化发展道路。从生态内涵看，新型城镇化是指人与自然共生共荣，生态环境优美的城镇化道路。从制度内涵看，新型城镇化应着眼于建立具有激励诱导、约束控制和分配调节功能的规范人们行为的制度。

三 新型城镇化建设的特征

各国城镇化道路多种多样，如英德代表的西欧模式、美国代表的北美模式、日韩代表的东亚模式、印非代表的南方模式等（王金涛，2016：95）。美国的城镇化走出了一条比较成功的道路，其具有四大特点：城镇人口的区域分布比较均衡；产业发展与城镇化发展联系紧密；便捷发达的交通体系对美国的城镇化发展具有较强的促进作用；移民是美国城镇人口的主要来源之一，对美国的城镇化发展做出巨大的贡献（王海燕，2013：5）。中国新型城镇化既不同于其他国家所走过的城镇化道路，也不同于中国以往所走过的城镇化道路，它是新的历史发展阶段适合中国国情的城镇化道路，具有以下特征。

(一) 发展理念的科学性

从发展理念看,新型城镇化是以新发展理念为指导的城镇化道路,要遵循城镇化发展的一般规律,坚持以人为本,尊重人民意愿,因势利导,稳步推进城镇化进程,实现城镇化高质量发展。

(二) 发展过程的协调性

新型城镇化尊重经济社会发展的客观规律,通过统筹城乡发展、统筹经济社会发展、统筹区域发展,构建大中小城市和小城镇协调发展的城镇体系,促进城镇化健康发展,体现了发展过程的协调性。

(三) 发展方式的集约性

新型城镇化是立足于中国人多地少,资源、环境刚性约束凸显的基本国情的理性选择。要改变高投入、高消耗、高污染、低效益的粗放型发展模式,走低投入、低消耗、低污染、高效益的集约型发展模式,促进资源节约型、环境友好型城镇建设,实现城镇化绿色发展。

(四) 发展目标的人本性

新型城镇化的核心是以人为本,推进新型城镇化过程中要坚持发展目标的人本性,始终把"人"而不是"物"作为工作的出发点和落脚点,不能把城镇化本身作为目的,而应以促进人的发展和人民利益的实现为终极目的,城镇化只是为实现人民对美好生活期待而采取的手段,不是为了城镇化而城镇化。

四 新型城镇化建设的目标

依据《国家新型城镇化规划(2014—2020年)》的发展

目标，新型城镇化的建设目标如下。

(一) 城镇化水平和质量稳步提升

城镇化健康有序发展，常住人口城镇化率达到60%，户籍人口城镇化率达到45%，户籍人口城镇化率与常住人口城镇化率差距缩小2个百分点左右，努力实现1亿左右农业转移人口和其他常住人口在城镇落户。

(二) 城镇化格局更加优化

以"两横三纵"为主体的城镇化战略格局基本形成，城市群集聚经济、人口能力明显增强，东部地区城市群一体化水平和国际竞争力明显提高，中西部地区城市群成为推动区域协调发展的新的重要增长极。城市规模结构更加完善，中心城市辐射带动作用更加突出，中小城市数量增加，小城镇服务功能增强。

(三) 城市发展模式科学合理

密度较高、功能混用和公交导向的集约紧凑型开发模式成为主导，人均城市建设用地严格控制在100平方米以内，建成区人口密度逐步提高。绿色生产、绿色消费成为城市经济生活的主流，节能节水产品、再生利用产品和绿色建筑比例大幅提高。城市地下管网覆盖率明显提高。

(四) 城市生活和谐宜人

稳步推进义务教育、就业服务、基本养老、基本医疗卫生、保障性住房等城镇基本公共服务覆盖全部常住人口，基础设施和公共服务设施更加完善，消费环境更加便利，生态环境明显改善，空气质量逐步好转，饮用水安全得到保障。自然景观和文化特色得到有效保护，城市发展个性化，城市管理人性化、智能化。

（五）城镇化体制机制不断完善

户籍管理、土地管理、社会保障、财税金融、行政管理、生态环境等制度改革取得重大进展，阻碍城镇化健康发展的体制机制障碍基本消除。

五　新型城镇化建设的模式

（一）特色小镇发展模式

自然禀赋模式是利用自然禀赋建设特色产业的发展模式。这一模式可以划分为自然景观模式和自然资源模式。自然景观包括气候天象、地貌景观、水域风光、生物景观等，即该地区的原生态景观。自然景观模式开发的产业以旅游业为主，一般是将当地的自然禀赋加以整合规划，形成较为完整的景观体系，并配套发展地区的交通、观光、住宿等功能，促进旅游产业的均衡发展。自然资源包括生物资源、农业资源、森林资源、国土资源、矿产资源、海洋资源等。自然资源模式一般是旅游业与其他产业结合发展的模式。

社会资本模式通常依托旅游业、制造业或者新兴产业，以地区文化为核心，建立文化与产业有机融合的发展模式。文化社会资本的核心在于文化，无论是历史遗迹、民俗风情还是人文精神，都是历史和文化积淀而成的地方资产，有鲜明的地域特色。技术社会资本包括传统技艺和新兴科技，技术是地方特色产业的灵魂，对技术的传承和改进是产业发展的前提。

市场需求模式往往是市场需求的出现引发相关产业的形成或者转型升级，从而形成针对某种特定需求的产业，也就是需求引领产业的方向，产业根据需求的变化进行调整优化，从而取得长远发展。市场需求分为对制造业的需求和对服务业的需求。对制造业的需求往往是源自某个特定时期或者地区，对于这一类型，最关键的是抓住机遇，形成产业优势以及定向合作关系，成为产业链中不可取代的一环。相较于制造业，现阶段的城市发展对服务业的需求更多，服务业发展前景也更大。近年来，快速城镇化引起的大城市病使得人们对休闲旅游、养生度假的需求日益增加，针对这一需求，许多地区可以打造服务型特色小镇。

（二）就近城镇化模式

本地农业剩余人口转移。随着农业劳动生产率的提高，以及城乡收入差距的扩大，农村劳动力倾向于向城镇转移。城镇的第二和第三产业发展成为吸纳农村剩余劳动力的主要载体，为此要解决两个关键问题，即增加就业机会和实现城镇公共服务均等化。

农民工返乡就业。随着农民工流出地区自身经济社会的快速发展，流出农民工会综合比较在家乡城镇与发达地区打工的得失，一旦家乡城镇有较好的就业机会，往往会选择回到家乡城镇就业。同时，老一代农民工的传统思维观念，使其回归本土的思想更重，非经济收入类因素如家人团聚、乡土情结等，使老一代农民工返乡就业的概率更高。在流入地打工始终未能真正融入当地社会的农民工，一般情况下返乡以后能够平等享受到家乡城镇的医疗等社保待遇，这也是吸引农民工返乡的重要因素。

农民工返乡创业。高素质人员的回归，可以将发达地区的新思想、新观念带回家乡，发挥资金流通、项目合作、技术共享、信息交流和市场互通等作用，极大地为家乡经济社会发展注入活力，推动以家乡为纽带的邻近地区就近城镇化进程。

(三)就地城镇化模式

就地城镇化是指在新型农业科技创新前提下,农村人口不向城市迁移,而是在原有的居住地开展现代产业化生产,完善具有综合功能的基础设施,发展公共社会事业,实现居住生活城市化。因此,就地城镇化具有以下作用。

城乡差异的平衡器。在新型农业科技创新基础上实现的就地城镇化,是实现城乡均衡的平衡器,可以消除城市与农村的非对称性,实现城镇经济与农村经济的匹配和互补,缩小城乡差距。在就地城镇化过程中,农业发展是城镇化的主要内容。通过农业产业化规模经营、村庄整治、集约利用土地、"脱农化"过程,就地城镇化可以使传统农村变成现代特色小镇。

克服异地城镇化困境。虽然以"农"为特征的新型农业科技创新,克服了异地城镇化的困境,但原有农民不掌握城市生活的方法、手段和技巧,严重不适应"大城市化"。因此,适合采取就地城镇化模式,通过制度改革和权利保障,并且运用新型农业科技带动就地城镇化,让当地农民工转变为城镇居民,就业和收入、社会保障、住房等方面直接当地化,从而避免农民的城市融入难题,实现共同的社会参与、交往和心理认同。

(四)产城(镇)融合发展模式

产城(镇)融合是在中国转型升级的背景下相对于产城(镇)分离而提出的一种发展思路。要求产业与城市(镇)实现功能融合、空间整合,"以产促城,以城兴产,产城融合"。其核心内涵为人本导向、功能融合和结构匹配,即城市(镇)发展回归人本导向,城市(镇)功能融合发展,就业与居住结构性匹配。

产城（镇）融合以城镇为基础，承载人居空间，发展产业经济；以人为本，提供宜居环境，增加就业机会；以产业为保障，驱动城乡统筹、文化更新和配套完善，以达到产业、城乡、人居之间有活力、持续向上发展的状态。该模式包含三个发展层次。

一是在产业发展和城镇空间方面强调推进"产城（镇）互动"。明确两者互促互进的利益关系，以产业健康优化城镇空间建设，突出产业的核心保障功能，以城镇空间建设带动产业发展，强化城镇空间对产业发展空间的引导功能。

二是在产业发展和人居生活方面强调"人产互动"。实现生产空间和就业人群职住平衡，充分发挥人居幸福对产业生产力的促进作用，突出人居环境的重要性，体现"以人为本"的核心理念。

三是在人居生活和城镇空间发展方面进一步体现"人"的核心地位。既包括本地农业人口的转移，也要充分提供外来人口本地城镇化的有效渠道，提升人居幸福指数，突出城镇宜居的重要性及可持续发展的理念，实现"人城（镇）互动"。

（五）旅游导向型城镇化模式

资源驱动模式即依托旅游资源，发展旅游经济，以推动城镇化进程。资源驱动模式分为两种子模式：依托自身旅游资源进行开发的资源内生模式和围绕大型旅游景区提供服务的景区配套模式。

创意驱动模式是对于没有丰富的旅游资源和强劲的旅游吸引物，同时缺乏特色资源、产业、市场等要素的地区，在旅游概念上进行创新，以一种"无中生有"的方式创造旅游主题和产品的模式。

市场驱动模式下的旅游城镇化通常发生在紧邻城市的边缘区，这里的市场主要是旅游活动所面向的集聚了大量旅游度假需求个体的大中型城市。随着城镇化进程的演变、市民休闲度假活动的普及和旅游市场的逐步成熟，旅游早已从供给稀缺的卖方市场转为供给过剩的买方市场，游客本身成为发展旅游经济最重要的因素。市场驱动模式下的旅游城镇化主要表现为近郊旅游、乡村旅游的发展。

消费驱动模式的主要形态是购物旅游，这是一种以到异地购买各种实物商品为主要目的的旅游形式。作为购物旅游发生的空间载体，购物场所的建立往往也成为推动城镇化的重要力量。

资本驱动模式是以地产运作为主要形式的旅游城镇化，包括以旅游、休闲度假为主题的置业，以及对旅游区及周边土地的开发，包括所有与旅游相结合的物业。

六　新型城镇化建设的路径

各地因自身拥有的发展要素和资源禀赋不同，会形成有别于其他地区的发展方式。由此可知，城镇化发展不能一概而论，更不能采用统一的模式，应坚持从实际出发，更新管理理念，结合区域优势，因地制宜探寻中国新型城镇化发展的路径（高晶等，2015：46）。传统城镇化道路的弊端与困境既是新型城镇化道路提出的重要前提，也是新型城镇化道路致力于解决的主要内容。生态文明视野下的新型城镇化路径选择应是将生态文明贯穿于城镇化的全过程，建设生态化城镇（葛明岩、刘贵福，2015：172）。中国新型城镇化路径包括加速产业结构调整,形成合理城市分工体系;有序推动农民工市民化,使农民工群体真正融入城市;加快财税体制改革,探索市政债试点(吴国培等,2015:124)。基于西部地区、民族地区和各省区市新型城镇化发展的实践经验,各地存在不同的城镇化路径选择。

(一)西部地区新型城镇化路径选择

杨佩卿和姚慧琴(2016)在总结西部城镇化经验和教训的基础上,坚持"以人为本",从西部地区实际出发,指出了6条可能的路径:发挥政府和市场的协同作用;强化产业支撑城镇发展的动力;因地制宜塑造特色城镇;加快老工业基地城区的改造升级;加大城镇建设重点项目的投入力度;建设绿色低碳的新型城镇。以农业现代化带动城镇化,以产业为支撑,建立制度保障,实现梯次搬迁和就地城镇化的有机结合,是中西部山区新型城镇化的现实和必然选择(袁坤,2016:169)。中国欠发达地区以大中小型城镇并行的道路推动城镇化发展,以"城镇经济区"规划引领城镇化发展,以产业集群化支撑城镇化发展(周冲、吴玲,2014:200)。

(二)民族地区的新型城镇化路径选择

劳动力短缺、城镇化建设资金投入不足、生态环境脆弱、体制束缚严重,造成中国民族地区城镇化水平低,因此需构建新型城镇化的创新模式,突出新型城镇化中的文化传承与民族交融,实现人口集聚与产业布局相协调的产城(镇)融合,建立城乡一体的公共资源统筹共享机制,从而加快民族地区的城镇化建设(张永岳等,2017:145)。民族地区在走向城镇化的过程中,应使传统民族特色文化在新型城镇化建设中得到有效的传承和保护;将民族历史上形成的传统生计方式与现代市场经济和产业规划相结合,发展具有民族特色的经济；将民族千百年来形成的传统社会结构与现代城镇社会结构相衔接；将民族历史发展过程中形成的传统民族习惯与现代城镇制度建设相适应；将传统民族文化认同与现代城市文化进行有效的互动和整合；将民族长期生存的自然生态环境与新型城镇化生态环境相协调。这是民族地区新型城镇化建设的必由之路（王平，2014：50）。

（三）各省区市的新型城镇化路径选择

广西壮族自治区新型城镇化发展路径主要基于政府职能的转变（张新文、张国磊，2015：63）。山东省通过户籍和农村土地产权制度改革、加快县域和小城镇发展、构建新型城镇体系以及促进区域协调发展等措施加快新型城镇化发展，提升城镇化质量（杨传开等，2015：54）。四川省通过城市管理的户籍人口向常住人口的转移、"乡村型"小城镇向"城市型"小城镇迈进、合理增设市辖区并谨慎设置远离城市中心区的飞地型市辖区、城乡空间形态和产业发展的一体化等路径推进城镇化建设（唐志红，2015：54）。江苏南部地区选择以中心城市周边的小微古村镇作为产业承接地，建立卫星城镇以实现新型城镇化（李亚卿，2014：22）。湖北省欠发达山区县市走出了一条"工贸带动、特色促进、梯度推移、节点集聚型的绿色城镇化"道路（黄亚平、林小如，2013：17）。

第二节　云南城镇化的历史逻辑与时代路径

一　城镇化的历史逻辑

城市是人类文明发展到一定阶段的产物，也是人类文明的载体。探讨城镇化的路径,首先要探讨城市的起源、形成等诸问题,厘清城镇化的历史逻辑。

美国著名的城市理论家刘易斯·芒福德(2005)认为,城市是"由村庄演化而来,村庄连同周围的田畴园囿,构成了新型聚落。人们渐渐学会了制陶、灌溉、耕作,建成了最初的房舍、圣祠、蓄水池、公共道路、集会场地。人类这一系列技术发明和改造自然的行为就是后来形成城市的一个重要组成部分,它是先于城市进行的",对城市的研究不要"局限在城墙范围内的建筑物",而是"从最深的文化层中发现能代表古代城市结构秩序的一些东西"。澳大利亚历史学家柴尔德(1954)认为文明进化与城市发展密切相关,他将聚落规模、人口规模、大型建筑、剩余产品的出现,阶级的分化,文字的发明,社会组织的出现作为早期城市的特征。这个观点得到学界的普遍认可。德国地理学家许瓦茨则更强调城市的中心性功能,他曾表示"一个有固定的大量人口集中在有确定形状的聚落中,而其内部结构的各部分表现出适当的差异,城市生活的发展也达到足够的广度,并且有明显的中央性"(沙学浚主编,1976)。在许瓦茨看来,具有"中央性"特点的大型聚落才是城市,这些聚落与周围的聚落往往具有"依附生存"关系,即城市是区域内的政治、经济、文化中心,具有强大的政治功能、经济功能、文化功能,与周围的聚落有着紧密的互动关系,包括政治的管理、租税的征收、宗教的束缚等。

从三次社会分工的角度来看,学界普遍认为,社会生产力的发展是城市产生与发展的最根本动力,促使社会大分工出现,特别是第二次社会大分工推动了中国早期城市的产生,这也是恩格斯关于城市形成与社会生产力的因果界定。

城市发展促成了城乡分工,而城乡分工使得一部分人完全摆脱了体力劳动,专门从事监督生产、管理国家及科学、艺术等活动,由此形成了脑力劳动和体力劳动的分化。随着人类社会的进步、农业劳动生产率的提高,产生了剩余劳动和剩余农产品,从而促进了社会分工的产生。社会分工导致生产过程专业化以及每人生产产品单一化,每人生产产品的单一化与人们对产品需求的多样化之间的矛盾促进了交换的产生。随着交换的不断发展,为便于交换,专门用于交换的场所——集市产生了。随着商品经济的发展和社会分工的加深,为了降低交易费用,部分人口在集市集聚,形成了城镇。

城镇产生的根本原因是社会生产力的提高及人类社会的三次大分工。①农业生产效率的提高为城镇化的发展提供了条件——剩余劳动和剩余农产品。1967年,戴尔·W.乔根森(Dale W. Jorgenson)发表《剩余农业劳动与二元经济发展》一文,认为农业剩余对城市经济发展起着决定性的作用。②人类社会发展初期,没有城镇人口和农村人口的区别,基本上也没有城镇和乡村的差别。所有人都生活在农村,从事农业劳动。随着农业劳动生产率的提高,产生了两个结果:第一,其中一部分农民从事劳动就可养活全部人口,出现了剩余劳动;第二,生产者生产的东西自食而有余,可以供给别人食用,出现剩余农产品,这为城镇化的发展提供了物质基础。1961年,美国经济学家费景汉(John C. H. Fei)和古斯塔夫·拉尼斯(Gustav Ranis)在合著《经济发展的一种理论》中指出,农业生产力的提高是人口实现转移的前提条件,农村的发展不仅为城市提供必要的剩余劳动力,还提供必需的农产品。③剩余劳动和剩余农产品的出现促进了社会分工。由于农业劳动生产率的提高,剩余劳动和剩余农产品开始出现。剩余的农业劳动者从农业劳动中解放出来,专门从事二、三产业。人类劳动从此逐渐从农业中分离,出现畜牧业、手工业、商业等部门和行业(产业)(见图 1-1)。

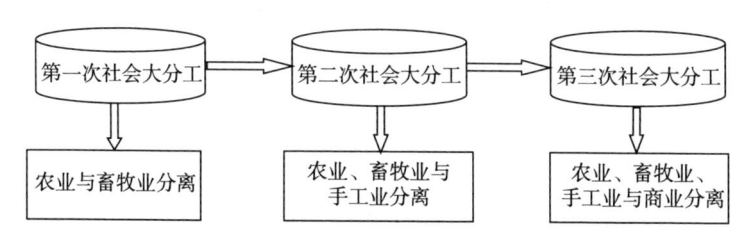

```
第一次社会大分工  →  第二次社会大分工  →  第三次社会大分工
      ↓                    ↓                    ↓
 农业与畜牧业分离      农业、畜牧业与        农业、畜牧业、
                      手工业分离          手工业与商业分离
```

图 1-1　人类历史上的三次社会大分工

社会分工导致生产过程专业化和每人生产产品的单一化。亚当·斯密(2001)认为分工具有提高劳动者技能、节约劳动时间和促进机器的发明与使用的作用。人类社会分工的优势就是让擅长的人做擅长的事,提高了劳动生产率,使得生产过程趋于专业化,同时使得每个人生产的产品趋于单一化。每个人或某个群体生产产品的单一化和人们需求的多样化之间的矛盾促进了交换的产生。频繁的交换活动促进了集市的形成。随着商品交换数量、交换品种、交换人数和交换次数的增加,时间和空间上的矛盾凸显出来,以往那种偶然的、零星的、分散的交换形式已不能适应社会发展的需要,需要向经常化、集中化、固定化发展。为了方便快捷、节约高效地满足人们对交换的需求,定期、定点的集市逐渐形成。当商品交换由偶尔变为经常、由不固定变为固定、由不连续变为连续时,为满足商业活动的需求,人们在集市周边居住下来,逐渐形成了城镇。商业的经济活动性质决定了必须以城镇为依托,以集中的城镇为活动中心和贸易中心,

于是人口和土地成为城镇的两个基本要素。随着商品经济的不断发展，工业化不断深入推进，农村人口不断地涌进城镇，城镇扩张所占用的土地越来越多，人口和土地不断地被城镇化。可见，人口城镇化和土地城镇化构成了城镇化的重要组成部分。在城镇化进程中，二者相伴相生、互相影响，城镇化以土地的城镇化作为空间支撑，以人口的城镇化作为先决条件。所以，城镇化必须以产业发展为动力，以人口城镇化为核心，以土地城镇化为空间载体（见图1-2）。

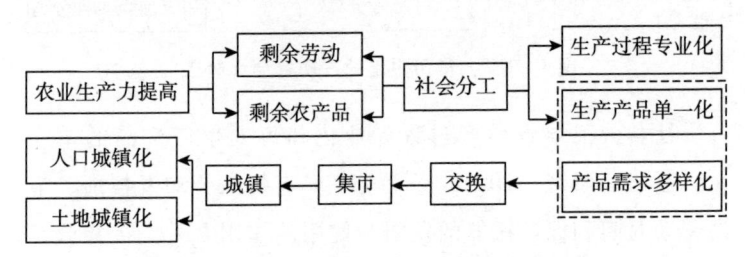

图1-2 人口城镇化与土地城镇化产生的逻辑

随着社会生产力逐步提高，人的需求和土地供给之间的交换更加频繁与密切。首先是人口的快速增长，人口数量的快速增长意味着对土地资源的更多占用以及对社会消费品的消耗增加。为了满足快速增长人口的物质生活需要，人类利用新的技术手段和生产方式大幅度提高了生产的效率，同时为了扩大生产的需要，企业纷纷选择扩大生产规模寻求规模效益。在人口系统的影响下，城市的面积逐步扩大，土地的利用强度逐渐增加，土地稀缺性和人类日益增长需求之间的矛盾逐渐凸显。其次，这个阶段人类的生产生活活动对于土地系统的破坏力远远大于土地系统自我修复能力，表现为土地资源的污染、生态环境的破坏。这个阶段人地矛盾凸显，自然系统处于剧烈的变动之中。当城市的发展达到一定程度之后，由于资源、环境的约束以及人类对生活品质的要求提高，城市的发展速度逐渐变慢。这个阶段人类开始重新审视经济活动与自然系统之间的关系，在土地资源稀缺的背景下开始更集约高效地利用土地，同时更加注重对土地资源的保护和合理使用。

二 城镇化的时代路径及其影响因素

土地财政为云南城镇化的发展起了重要的推动作用，现行土地财政模式成为城镇化发展的动力源泉。各州市为加速城镇化进度，充分利用土地资源的稀缺性和资产性，通过土地征收方式出让土地获得土地出让金，从而支撑城镇基础设施建设，大范围扩张城镇建成区。但在这一过程中，地方政府似乎更加重视城市空间外延的扩张，对人口城镇化的重视程度较低。虽然土地财政在一定程度上推动了云南城镇化的发展，但人口城镇化率与土地城镇化率相比仍存在一定差距。究其原因，主要在于人口城镇化的影响因素与土地城镇化相比更为复杂，人口城镇化受到多方面的制约，例如户籍、教育、就业等政策、体制等。

因此，可大致将云南省城镇化的基本路径归纳为：农地征收→土地出让→获取土地出让金→土地财政支撑城镇基础设施建设→城镇扩张→为二、三产业发展提供空间→二、三产业激活和逐步兴旺（招商引资）→人口城镇化→产业升级→城镇公共服务需求增加→土地财政→土地出让→农地征收。从云南城镇化基本路径可见，影响城镇化进程的因素主要包括经济发展水平、产业结构调整以及城乡收入差距（见图1-3）。

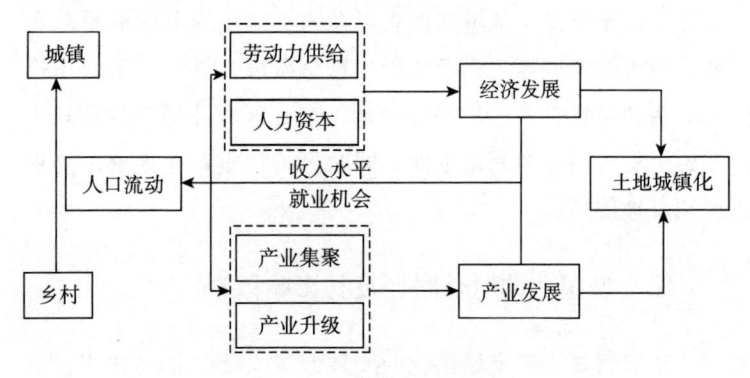

图1-3 城镇化影响因素

（一）经济发展水平

人口城镇化水平与当地的经济发展水平密切相关。城市经济的发展是人口在城市聚集带来的经济效果，人口聚集的地方也是城镇发展较为快速的区域。如西双版纳、德宏、红河由于自然禀赋的优势以及口岸政策的支持，吸引了大量的流动人口。流动人口在这些地区工作、学习，带动了当地经济的发展，形成人口虹吸效应。另外，城镇的快速发展对劳动力的需求不断增加，农民在经济较为发达的城镇更容易找到工作，同时获得较高水平的医疗、教育服务，以及满足不同层次的娱乐、消费等需求。因此，经济发展对于人口城镇化形成累积循环因果效应。

土地城镇化水平与当地经济发展水平密切相关。经济发展需要建立在土地利用的基础上，各州市的经济发展都伴随着城市建成区面积的扩大，与城市建成区面积存在长期的关联，增加土地供给仍然是当前各州市经济发展的主要模式。当前各州市为了推动经济快速发展，积极增加产业用地供给以支撑产业发展，同时大量的农民涌入城镇对住房、公共交通和娱乐文化产生了巨大的需求，这些都增加了对城镇土地的需求。另外，随着经济发展水平的提高，农业逐步向高效集约的方向发展，只需要较少的耕地就能满足人们生存的需求，因此更多耕地逐渐被占用成为建设用地。

(二) 产业结构调整

人口城镇化与土地城镇化的互动发展还受到城镇产业结构的影响。二、三产业的发展对劳动力形成了巨大的需求，促使农村人口流动到城镇从事相关的产业活动。人口的流动带动了城镇产业的繁荣和扩大再生产，同时相对充裕和廉价的劳动力吸引了外商的投资，推动了当地城镇工业化的发展。工业化的发展是城镇建设用地扩张的核心驱动力之一，如红河第二产业的快速发展使工业用地逐年增加。工业用地绝大部分是政府直接划拨或者低价出售，生产商有扩大厂房规模的冲动，使得工业发展占用了大量的耕地。西双版纳、德宏等地区的第三产业由于较高的附加价值和对就业的吸纳能力较强，逐渐成为政府转型的新方向。由于第三产业相较于第二产业，对土地的需求更少，土地的集约利用程度更高，发展第三产业可使得土地的城镇化速度降低而质量提高。因此，不同的产业结构及其升级调整都会影响人口城镇化与土地城镇化的互动发展关系。

(三) 城乡收入差距

城乡收入差距的存在是人口流动的主要原因。在快速的社会转型中，农业发展逐渐与经济大市场不相适应，农业、农村、农民问题越来越严重，而"重城轻乡"与"城乡分治"的发展模式进一步扩大了城乡差距。根据人口迁移中的推拉理论，城镇相较于农村具有更多发展谋生的机会，一方面，农村富余劳动力纷纷进城务工以实现对丰盈生活的追求，在城乡收入差距的影响下，越来越多的农民流入城镇并选择在城镇定居,带动了人口城镇化的发展;另一方面,政府为了满足进城人员的就业需求,通过招商引资的方式吸引外商投资建厂,大力发展劳动力密集型二、三产业,从而需要占用更多的土地,进而推动了土地城镇化的发展。

第二章
云南新型城镇化建设政策环境

中国新型城镇化从概念提出到规划出台，受到社会各界的高度关注。经过"十三五"期间的建设，2020年中国常住人口城镇化率超过60%，但仍远低于发达国家80%的平均水平；户籍人口城镇化率为45.4%，低于人均收入水平与中国相近的发展中国家60%的平均水平。作为西部地区省份的云南省，其常住人口城镇化率远低于东中部地区省份和全国平均水平。为了实现2025年常住人口城镇化率60%的建设目标，云南省政府部门应深入理解新型城镇化的内涵与特征，学习和掌握国家新型城镇化建设的相关政策，制定适合各地城镇化建设实际的政策，更好地发挥中央和地方政策的协同作用，形成政策合力，从而有效推进云南省新型城镇化建设工作，提升建设水平和质量。

第一节 国家新型城镇化建设政策

根据《国家新型城镇化规划（2014—2020年）》的发展目标，可以将新型城镇化建设任务分解为5个方面，分别是农业转移人口市民化、优化城镇布局、城市可持续发展能力、城乡发展一体化、新型城镇化发展体制机制。为了实现国家新型城镇化规划的发展目标,全国人大及其常务委员会、国务院及各部委等围绕该目标制定了一系列直接的法律、行政法规和部门规章,其中法律2项、行政法规11项、部门规章26项、团体规定4项,共计43项,用于指导各省区市的城镇化建设工作;另外,还制定了47项支撑性法律、法规、规章和规定。这些政策主要围绕人口、产业和空间新型城镇化三大总任务来制定,而三大总任务又分解为多级子任务,因此又分别制定了相应支撑政策和建设指标。

一 农业转移人口市民化任务、支撑政策及建设指标

推进农业转移人口市民化任务主要是健全农业转移人口城镇落户制度和政策,扩大社会保障覆盖面,使农业转移人口随迁子女能够享受平等教育的权利,享有基本医疗和住房保障。相关任务、支撑政策及建设指标如表2-1所示。

二 优化城镇布局任务、支撑政策及建设指标

优化城镇布局任务主要是优化提升东部地区城市群,培育和发展中西部地区城市群,建立城市群协调发展机制,增强中心城市辐射带动功能,加快中小城市发展,有重点地发展小城镇,强化综合交通运输网络支撑(完善城市群之间综合交通运输网络、构建城市群内部综合交通运输网络、建设城市综合交通枢纽、改善中小城市和小城镇交通条件)。相关任务、支撑政策及建设指标如表2-2所示。

表2-1　农业转移人口市民化任务、支撑政策及建设指标

总任务	一级任务	二级任务	支撑政策	具体指标
人口城镇化建设	农业转移人口落户城镇	健全落户制度	《推动1亿非户籍人口在城市落户方案》	常住人口城镇化率、户籍人口城镇化率
		差别化落户		
	保障农业转移人口基本公共服务	随迁子女教育服务	《关于统筹推进县域内城乡义务教育一体化改革发展的若干意见》《县域义务教育优质均衡发展督导评估办法》《教育部2017年工作要点》《关于进一步加强控辍保学提高义务教育巩固水平的通知》	随迁子女在公办学校和政府购买服务的民办学校就读的人数与比例
		公共就业创业服务	《关于进一步做好农民工服务工作的通知》《关于做好2017年农民工相关工作的通知》《农民工学历与能力提升行动计划——"求学圆梦行动"实施方案》《国家工商总局关于进一步做好农民工工作的通知》《关于做好交通运输行业为农民工服务工作的实施意见》	农民工、新成长劳动力免费接受基本职业技能培训覆盖人数及比例
		社会保障	《人力资源和社会保障事业发展"十三五"规划纲要》	养老保险覆盖率、医疗保险覆盖率、工伤保险覆盖率、失业保险覆盖率、生育保险覆盖率、社会保险费率

25

续表

总任务	一级任务	二级任务	支撑政策	具体指标
人口城镇化建设	保障农业转移人口城镇基本公共服务	改善基本医疗条件	《全国医疗卫生服务体系规划纲要（2015—2020年）》《国家安全监管总局关于贯彻落实国务院为农民工服务工作意见的实施意见》《关于印发加强农民工尘肺病防治工作的意见的通知》	2020年全国医疗卫生服务体系资源要素配置主要指标详见《全国医疗卫生服务体系规划纲要（2015—2020年）》
		住房保障	《关于加快培育和发展住房租赁市场的若干意见》《关于城镇住房保障家庭租赁补贴工作的指导意见》《关于在人口净流入的大中城市加快发展住房租赁市场的通知》	保障性住房覆盖率
	建立农业转移人口市民化推进机制	建立成本分担机制	无	无
		合理确定各级政府职责	无	无
		完善农业转移人口社会参与机制	《关于进一步做好为农民工服务工作的意见》《关于进一步做好为农民工文化服务工作的意见》	指标见《国家基本公共文化服务指导标准（2015—2020年）》

26

第二章 云南新型城镇化建设政策环境

表 2-2 优化城镇布局任务、支撑政策及建设指标

总任务	一级任务	二级任务	支撑政策	具体指标
空间城镇化建设	城市群建设	优化提升东部地区城市群	《全国主体功能区规划》《关于依托黄金水道推动长江经济带发展的指导意见》《北部湾城市群发展规划》《长江三角洲城市群发展规划》	城市空间（万平方公里）、人均城市建设用地（平方米）
		培育和发展中西部地区城市群	《中原城市群发展规划》《成渝城市群发展规划》《长江中游城市群发展规划》《哈长城市群发展规划》	
		建立城市群协调发展机制	无	无
		增强中心城市辐射带动功能	《中华人民共和国国民经济和社会发展第十三个五年规划纲要》	无
		加快中小城市发展	无	无
	城市协调发展	有重点地发展小城镇	《关于推进商业金融支持小城镇建设的通知》《关于实施"千企千镇工程"推进美丽特色小（城）镇建设的通知》《关于推进政策性金融支持小城（镇）镇建设的通知》《关于加快美丽特色小（城）镇建设的指导意见》	小城镇建设项目入库申报表、小城镇基本信息表

27

续表

总任务	一级任务	二级任务	支撑政策	具体指标
空间城镇化建设	交通运输网络建设	完善城市群之间综合交通运输网络	《城镇化地区综合交通网规划》	见"十三五"综合交通运输发展指标
		构建城市群内部综合交通运输网络		
		建设城市综合交通枢纽	《"十三五"现代综合交通运输体系发展规划》	
		改善中小城市和小城镇交通条件		

三 城市可持续发展能力任务、支撑政策及建设指标

城市可持续发展能力建设的主要任务是加快转变城市发展方式，优化城市空间结构，增强城市经济、基础设施、公共服务和资源环境对人口的承载能力，有效预防和治理"城市病"，建设和谐宜居、富有特色、充满活力的现代城市，包括强化城市产业与就业，优化城市空间结构和管理格局，提升城市基本公共服务水平，提高城市规划建设水平，推动新型城市建设，加强和创新城市社会治理。相关任务、支撑政策及建设指标如表 2-3 所示。

四 城乡发展一体化任务、支撑政策及建设指标

城乡发展一体化的主要任务是坚持工业反哺农业、城市支持农村和多予少取放活方针，加大统筹城乡发展力度，增强农村发展活力，逐步缩小城乡差距，促进城镇化和乡村建设协调推进，包括完善城乡发展一体化体制机制、加快农业现代化进程以及建设社会主义新农村等任务。相关任务、支撑政策及建设指标如表 2-4 所示。

五 新型城镇化发展体制机制任务、支撑政策及建设指标

新型城镇化发展体制机制建设的主要任务是加强制度顶层设计，尊重市场规律，统筹推进人口管理、土地管理、城镇化资金保障、城镇住房、生态环境等重点领域的体制机制改革，形成有利于城镇化健康发展的制度环境。其相关任务、支撑政策及建设指标如表 2-5 所示。

表2-3 城市可持续发展能力任务、支撑政策及建设指标

总任务	一级任务	二级任务	支撑政策	具体指标
产业城镇化建设	强化城市产业与就业	优化城市产业结构	《"十三五"国家战略性新兴产业发展规划》	无
		增强城市创新能力	《"十三五"城镇化与城市发展科技创新专项规划》	无
		营造良好就业创业环境	《"十三五"促进就业规划》《关于结合新型城镇化开展支持农民工等人员返乡返乡创业试点工作的通知》	无
空间城镇化建设	优化城市空间结构和管理格局	改造提升中心城区功能	《城市地下空间开发利用"十三五"规划》《关于进一步做好城镇棚户区和城乡危房改造及配套基础设施建设有关工作的意见》	棚户区改造套数、农村危房改造套数
		严格规范新城新区建设	《关于开展产城融合示范区建设有关工作的通知》《关于具备条件的开发区向城市综合功能区转型的指导意见》	无
		改善城乡接合部环境	《关于开展城乡接合部和农村地区药店诊所药品质量安全集中整治的通知》《关于加强公共安全视频监控建设联网应用工作的若干意见》	无
	提升城市基本公共服务水平	优先发展城市公共交通	《城市公共交通"十三五"发展纲要》	百万以上人口城市机动化出行中的比例、"十三五"城市公共交通发展指标

续表

总任务	一级任务	二级任务	支撑政策	具体指标
空间城镇化建设	提升城市基本公共服务水平	加强市政公用设施建设	《水污染防治行动计划》《城镇节水工作指南》	城镇公共供水普及率、城市污水处理率、城市生活垃圾无害化处理率
		完善基本公共服务体系	无	城市社区综合服务设施覆盖率
	提高城市规划建设水平	创新规划理念	无	无
		完善规划程序	无	无
		强化规划管控	无	无
		严格建筑质量管理	无	无
	推动新型城市建设	绿色城市建设	《绿色建筑后评估技术指南》及大型公共建筑能耗监测系统建设中全面推进绿色建筑发展有关工作的通知》《建筑节能与绿色建筑发展"十三五"规划》	城镇可再生能源消费比重、城镇绿色建筑在新建建筑中的比重
		智慧城市建设	《关于促进智慧城市健康发展的指导意见》《关于推进数字城市向智慧城市转型升级有关工作的通知》	城市家庭宽带接入能力
		人文城市建设	《"十三五"城镇化与城市发展科技创新专项规划》《关于促进民族地区和人口较少民族发展规划》《关于深入推进新型城镇化建设的若干意见》	无

31

续表

总任务	一级任务	二级任务	支撑政策	具体指标
空间城镇化建设	加强和创新城市社会治理	完善城市治理结构	无	无
		强化社区自治和服务功能	《中国科协关于深入推进社区科普大学建设工作的实施方案》	无
		创新社会治安综合治理	无	无
		健全防灾减灾救灾体制	《关于加强城镇公共消防设施和基层消防组织建设的指导意见》《国家突发事件应急体系建设"十三五"规划》	无

第二章 云南新型城镇化建设政策环境

表 2-4 城乡发展一体化任务、支撑政策及建设指标

总任务	一级任务	二级任务	支撑政策	具体指标
人口城镇化建设	完善城乡发展一体化体制机制	推进城乡统一要素市场建设	无	无
		推进城乡规划、基础设施和公共服务一体化	《关于印发"十三五"推进基本公共服务均等化规划的通知》	"十三五"时期基本公共服务领域主要发展指标
		加快农村社会事业发展	无	新型农村合作医疗覆盖率、农村社会救助制度覆盖率、新型农村社会养老制度覆盖率
产业城镇化建设	加快农业现代化进程	保障国家粮食安全和重要农产品有效供给	《关于建立粮食生产功能区和重要农产品生产保护区的指导意见》	粮食生产功能区面积、重要农产品生产保护区面积
		提升现代农业发展水平	《全国农业现代化规划(2016—2020年)》	"十三五"农业现代化主要指标
		完善农产品流通体系	无	无
空间城镇化建设	建设社会主义新农村	提升乡镇村庄规划管理水平	《关于改善农村人居环境的指导意见》	无
		加强农村基础设施和服务网络建设	《关于积极发展现代农业扎实推进社会主义新农村建设的若干意见》	无

33

表2-5 新型城镇化发展体制机制任务、支撑政策及建设指标

总任务	一级任务	二级任务	支撑政策	具体指标
新型城镇化建设体制机制的改革与完善	人口管理制度改革	居住证制度；人口信息管理制度	《国家人口发展规划（2016—2030年）》	无
	土地管理制度改革	无	《关于进一步做好新型城镇化建设土地服务保障工作的通知》《关于建立城镇建设用地增加规模同吸纳农业转移人口落户数量挂钩机制的实施意见》《全国国土规划纲要（2016—2030年）》	无
	城镇化资金保障	无	无	无
	健全城镇住房制度	住房供应体系、保障性住房制度、房地产市场调控长效机制	无	无
	强化生态环境保护制度	无	《关于加快推进生态文明建设的意见》《中国生态文化发展纲要（2016—2020年）》《关于加强生态修复城市修补工作的指导意见》	城市建成区绿地率、地级以上城市空气质量达到国家标准的比例

第二节 云南省新型城镇化建设政策分析

根据云南省政府2014年4月出台的《云南省新型城镇化规划（2014—2020年）》中的发展目标，可以将云南新型城镇化建设任务分解为8个方面，分别是农业转移人口市民化、优化城镇布局、城镇建设空间管控、产城（镇）融合发

展、城镇规划建设与治理、特色城镇建设、城乡发展一体化、新型城镇化发展体制机制建设。为了推动全省新型城镇化建设，云南省政府出台了一系列政策，共计94项。其中农业转移人口市民化相关政策15项、优化城镇布局相关政策5项、城镇建设空间管控相关政策8项、产城（镇）融合发展相关政策7项、城镇规划建设与治理相关政策17项、特色城镇建设相关政策13项、城乡发展一体化相关政策16项、新型城镇化发展体制机制建设相关政策13项。

一 农业转移人口市民化任务及支撑政策

农业转移人口市民化任务是云南新型城镇化建设的核心任务，主要包括推进农业转移人口落户城镇、健全农业转移人口基本公共服务保障体系和建立健全推进农业转移人口市民化机制三个方面。目前，云南省政府已经出台相关政策15项（见表2-6），但在城镇建设用地指标与农业转移人口数量挂钩机制、建立成本分担机制、完善农业转移人口市民化推进实施机制、推进农业转移人口市民化信息平台建设、健全农业转移人口市民化工作监督考核机制等方面还需要加快政策的研究和制定。

表2-6 农业转移人口市民化任务及支撑政策

一级任务	二级任务	支撑政策
推进农业转移人口落户城镇	健全农业转移人口落户制度	《云南省推动农业转移人口和其他常住人口在城镇落户方案》
	实施差别化落户政策	《云南省人民政府关于进一步推进户籍制度改革的实施意见》
	积极引导就近就地城镇化	《云南省人民政府关于促进经济持续健康较快发展22条措施的意见》

35

续表

一级任务	二级任务	支撑政策
健全农业转移人口基本公共服务保障体系	完善公共就业创业服务体系	《云南省人民政府办公厅关于支持农民工等人员返乡创业的实施意见》 《云南省农民工职业技能提升计划——"春潮行动"工作方案》
	住房保障	《云南省人民政府办公厅关于加快培育和发展住房租赁市场的实施意见》 《云南省人民政府关于促进房地产业平稳健康可持续发展的指导意见》 《云南省人民政府办公厅关于贯彻落实国家有关部委文件精神促进房地产业平稳健康发展的通知》 《云南省人民政府办公厅关于进一步推进棚户区改造工作的通知》
	保障随迁子女平等享受教育权利	《云南省人民政府关于加快发展民族教育的实施意见》 《云南省人民政府关于进一步完善城乡义务教育经费保障机制的通知》
	扩大社会保障覆盖面	《云南省人民政府关于进一步做好为农民工服务工作的实施意见》 《云南省人民政府关于加强保险业服务经济社会发展的指导意见》
	改善基本医疗卫生条件	《云南省人民政府关于整合城乡居民基本医疗保险制度的实施意见》
建立健全推进农业转移人口市民化机制	建立财政转移支付与农业转移人口市民化挂钩机制	《云南省人民政府关于实施支持农业转移人口市民化若干财政政策的通知》

二 优化城镇布局任务及支撑政策

云南优化城镇布局的主要任务包括发挥城镇群的主体作

用、促进各级城镇协调发展。目前，云南省政府已出台相关政策5项（见表2-7）。但云南省政府对于州市、县域中心城镇，以及重点镇和发展镇的建设还缺少相关指导政策，对于城镇发展模式的创新还需要深入探索。

表2-7 优化城镇布局任务及支撑政策

一级任务	二级任务	支撑政策
发挥城镇群的主体作用	发展滇中城镇群	《关于贯彻落实国务院深化泛珠三角区域合作文件的实施意见》 《滇中城市经济圈生态环保一体化专项规划（2014—2020年）》
	发展滇西和滇东南城镇群	《云南省人民政府关于印发云南澜沧江开发开放经济带发展规划（2015—2020年）的通知》
	培育构建滇西南、滇西北、滇东北城镇群	
促进各级城镇协调发展	增强昆明城市辐射带动功能	《云南省人民政府关于印发云南省国民经济和社会发展第十三个五年规划纲要的通知》 《云南省人民政府关于做好贯彻落实全国资源型城市可持续发展规划（2013—2020年）有关工作的通知》
	加快区域中心城市发展	

三 城镇建设空间管控任务及支撑政策

城镇建设空间管控任务主要包括提高城镇建设用地利用效率、严格保护坝区耕地资源、加强生态空间保护与建设。目前，云南省政府已出台相关政策8项（见表2-8），但对于"五采区"生态恢复建设还没有出台专项政策。

表 2-8　城镇建设空间管控任务及支撑政策

一级任务	二级任务	支撑政策
提高城镇建设用地利用效率	合理划分城镇空间	《云南省国土资源厅关于贯彻落实〈云南省人民政府关于促进全省经济平稳健康发展的意见〉的实施意见》
	科学选择山地城镇用地	
	严格规范城镇新区与产业园区建设	《云南省人民政府办公厅关于推进城市综合体建设的指导意见》
严格保护坝区耕地资源	无	《云南省人民政府办公厅关于健全生态保护补偿机制的实施意见》《云南省人民政府关于建立粮食生产功能区和重要农产品生产保护区的实施意见》
加强生态空间保护与建设	优化生态格局	《云南省人民政府办公厅关于贯彻落实湿地保护修复制度方案的实施意见》
	科学划定生态保护空间	
	构筑环境安全体系	《云南省人民政府关于印发云南省水污染防治工作方案的通知》
	优化城镇生态系统	《云南省人民政府办公厅关于印发滇中城市经济圈生态环保一体化专项规划（2014—2020年）的通知》
	加强生物多样性保护	《云南省生物多样性保护战略与行动计划（2012—2030年）》

四　产城（镇）融合发展任务及支撑政策

产城（镇）融合发展任务主要包括产业升级、增强城镇产业承载能力、推进产业园区建设以及引导产城（镇）融合发展。目前，云南已出台相关政策7项（见表2-9），但对于城镇产业发展空间和承载能力的评估还缺少指导意见，在引导产业向小城镇延伸、发展小城镇特色产业方面，还需要不断探索实践。

表2-9 产城（镇）融合发展任务及支撑政策

一级任务	二级任务	支撑政策
产业升级	优化区域产业布局	《云南省人民政府关于贯彻落实国务院深化泛珠三角区域合作文件的实施意见》《中共云南省委、云南省人民政府关于建设滇中产业聚集区（新区）的决定》《中共云南省委、云南省人民政府关于着力推进重点产业发展的若干意见》《云南省人民政府关于实施加快服务业发展3年行动计划的意见》
	优化城镇产业结构	
	优化提升城镇第二产业发展层次	
	加快城镇第三产业发展	
增强城镇产业承载能力	优化城镇产业发展空间	无
	增强城镇产业承载与服务能力	无
	增强城市的创新能力	《云南省人民政府办公厅关于促进县域创新驱动发展的实施意见》
推进产业园区建设	推动产业向园区聚集	《云南省人民政府办公厅关于促进开发区改革和创新发展的实施意见》
	促进产业园区城市功能提升	
	创新理顺园区管理体制	
引导产城（镇）融合发展	引导产业向小城镇延伸	《云南省人民政府关于进一步推进我省产城融合发展的实施意见》
	利用小城镇优势资源发展特色产业	
	突出重点引导产城（镇）融合	

五 城镇规划建设与治理任务及支撑政策

城镇规划建设与治理任务主要包括强化规划统筹、加强城镇基础设施建设、提升城镇基本公共服务水平、改善城乡人居环境、推进城镇绿色发展。目前，云南已出台相关政策17项（见表2-10）。在建筑质量管理、区域水利保障体系建设和城乡通信保障方面，云南省应尽快出台专项政策。在城镇社会治理模式创新方面，应加快相关课题研究，借鉴国内外一些成功的城镇社会治理经验，结合云南省各地城镇实情，总结出适合本省省情的城镇社会治理创新模式。

表2-10 城镇规划建设与治理任务及支撑政策

一级任务	二级任务	支撑政策
强化规划统筹	强化规划的引领作用	《云南省人民政府关于进一步加强城乡规划工作的意见》 《云南省城乡规划条例》
	完善规划体系	《中共云南省委、云南省人民政府关于进一步加强城市规划建设管理工作的实施意见》 《云南省人民政府关于科学开展"四规合一"试点工作的指导意见》
加强城镇基础设施建设	强化综合交通运输网络支撑	《中共云南省委、云南省人民政府关于实施综合交通建设5年大会战（2016—2020年）的意见》
	增强区域能源保障能力	《云南省人民政府办公厅关于印发云南省"十三五"农村电网建设攻坚工程实施方案的通知》
	推进智慧城市建设	《云南省人民政府办公厅关于全面落实"互联网+政务服务"技术体系建设指南要求的通知》 《云南省人民政府关于加快推进"互联网+政务服务"工作的实施意见》

续表

一级任务	二级任务	支撑政策
提升城镇基本公共服务水平	加快发展城镇公共交通	《云南省人民政府关于城市优先发展公共交通的实施意见》
	加强市政公用设施建设	《云南省人民政府关于加强城市地下管线建设管理的实施意见》
	完善基本公共服务体系	《云南省人民政府关于加快发展体育产业促进体育消费的实施意见》
改善城乡人居环境	提升中心城区功能	《云南省环境保护厅关于加快推进实施省政府2014年20个重大建设项目和20项重要工作的通知》
	加强城乡接合部环境整治	《云南省违法建筑处置规定》
	推进小城镇环境整治	《云南省人民政府办公厅关于加强全省城乡公共厕所规划建设管理的意见》
	优化提升旧城功能	《云南省人民政府关于开展城乡人居环境提升行动的意见》
	加强保障性安居工程建设	
推进城镇绿色发展	推进节能减排	《云南省人民政府关于印发云南省"十三五"节能减排综合工作方案的通知》
	推动循环经济和低碳发展	
	建设绿色低碳城镇	《云南省人民政府关于印发云南省低碳发展规划纲要（2011—2020年）的通知》
	加强环境保护	

六 特色城镇建设任务及其支撑政策

云南特色城镇建设任务主要由五大任务组成，分别是推

41

进山地城镇建设、推进特色小城镇发展、加强历史文化名城（镇村街）保护与发展、推进沿边与少数民族城镇村寨发展和加强城镇特色建设。目前，云南已出台相关政策13项（见表2–11）。关于山地城镇建设，云南省目前还缺少推进和实施的具体政策。对于工业型、商贸型和生态园林型特色小城镇建设，虽然确定了建设目标数量，但是还缺少具体的指导要求。对于沿边与少数民族城镇建设和城镇特色建设，目前还缺少指导性政策和建设要求，这是云南省特色城镇建设主要的努力方向。

表2–11 特色城镇建设任务及其支撑政策

一级任务	二级任务	支撑政策
推进山地城镇建设	加快推进山地城镇建设进程	《滇中城市经济圈生态环保一体化专项规划（2014—2020年）》《云南省城乡规划条例》
	创新山地城镇空间布局	
	营造山地特色城镇风貌	
	推动山地建筑发展	
推进特色小城镇发展	推动现代农业型特色小城镇发展	《云南省人民政府关于加快特色小镇发展的意见》《云南省人民政府关于进一步促进全省经济持续平稳发展22条措施的意见》《云南省人民政府办公厅关于完善支持政策促进农民持续增收的实施意见》
	加快旅游型特色小城镇发展	《云南省人民政府办公厅关于扎实推进云南10大历史文化旅游项目建设的通知》
	推进边境口岸型特色小城镇发展	《云南省人民政府关于加强口岸工作推进大通关建设的实施意见》

续表

一级任务	二级任务	支撑政策
加强历史文化名城（镇村街）保护与发展	构建历史文化名城（镇村街）保护体系	《云南省非物质文化遗产保护条例》
	加强历史文化遗产保护	《云南省人民政府关于进一步加强非物质文化遗产保护工作的意见》
	加强历史文化遗产挖掘	《云南省历史文化名城名镇名村名街保护条例》
	推进历史文化名城（镇村街）的发展	《云南省人民政府关于进一步加强文物工作的实施意见》
推进沿边与少数民族城镇村寨发展	加强对少数民族传统文化的保护和传承	《中共云南省委、云南省人民政府关于进一步加强农耕文化保护与传承工作的意见》
加强城镇特色建设	彰显城镇自然山水特色	《云南省城镇特色规划编制暂行办法》
	保护与传承城镇文脉	
	突出地域民族文化	

七 城乡发展一体化任务及其支撑政策

城乡发展一体化是云南省新型城镇化建设的重点任务，主要目标是推进城乡要素市场和建设一体化、发展现代农业提升支撑能力，已出台相关政策达16项（见表2-12）。其中，在通过发展高原特色农业来提升云南农业现代化水平并积极打造鲜活农产品流通体系方面，已出台相关政策4项。

八 新型城镇化发展体制机制建设任务及支撑政策

云南新型城镇化发展有赖于人口管理制度、土地管理制度、资金保障制度、住房保障制度和生态环境保护制度的改革和完善。目前，主要的制度改革集中在资金、住房和生态环境方面，与此相关的政策已出台13项（见表2-13），而人口和土地管理制度的改革还未全面展开。

表2-12 城乡发展一体化任务及其支撑政策

一级任务	二级任务	支撑政策
推进城乡要素市场和建设一体化	推进城乡要素市场一体化	《云南省人民政府关于深化收入分配制度改革的实施意见》 《云南省人民政府办公厅关于促进农村电子商务加快发展的实施意见》 《中共云南省委、云南省人民政府关于加大改革创新力度进一步增强农业农村发展活力的意见》
	统筹城乡基础设施一体化	《中共云南省委、云南省人民政府关于推进五大基础设施网络建设5年大会战的意见》 《云南省五大基础设施网络建设规划（2016—2020年）》 《云南省人民政府办公厅关于推动实体零售创新转型的实施意见》
	推进城乡公共服务一体化	《云南省人民政府关于统筹推进县域内城乡义务教育一体化改革发展的实施意见》 《云南省人民政府关于进一步完善城乡义务教育经费保障机制的通知》 《云南省人民政府关于整合城乡居民基本医疗保险制度的实施意见》 《云南省人民政府关于加快发展养老服务业的实施意见》 《云南省人民政府关于加强农村留守儿童关爱保护工作的实施意见》
	推动城乡规划一体化	《云南省城乡规划条例》

续表

一级任务	二级任务	支撑政策
发展现代农业提升支撑能力	保障粮食安全和重要农产品的有效供给	《云南省人民政府关于建立粮食生产功能区和重要农产品生产保护区的实施意见》
	加快推进高原特色农业发展	《中共云南省委、云南省人民政府关于加快高原特色农业现代化实现全面小康目标的意见》
	提升农业现代化发展水平	《云南省人民政府办公厅关于推进农业高新技术产业示范区建设发展的实施意见》
	完善农产品流通体系	《云南省人民政府办公厅关于加强鲜活农产品流通体系建设的实施意见》

表2-13 新型城镇化发展体制机制建设任务及支撑政策

一级任务	支撑政策
创新城镇化资金保障机制	《云南省人民政府关于稳增长开好局若干政策措施的意见》 《中国银监会云南监管局关于云南银行业支持经济稳增长调结构的指导意见》 《云南省人民政府办公厅关于促进县域金融改革创新发展与服务便利化的实施意见》 《云南省人民政府关于进一步做好金融服务"三农"发展的实施意见》 《中国银监会云南监管局关于银行业支持经济结构调整和转型升级的贯彻意见》 《云南省人民政府关于印发云南省深化政府性债务管理体制改革等3个实施方案的通知》 《云南省人民政府关于金融支持经济结构调整和转型升级的意见》 《云南省人民政府关于创新重点领域投融资机制鼓励社会投资的实施意见》 《云南省人民政府办公厅关于创新农村基础设施投融资体制机制的实施意见》

续表

一级任务	支撑政策
健全城镇住房制度	《云南省人民政府关于进一步做好城镇棚户区和城市危房改造及配套基础设施建设有关工作的实施意见》 《云南省人民政府办公厅关于进一步推进棚户区改造工作的通知》 《云南省人民政府批转省发展改革委关于2014年深化经济体制改革重点工作意见的通知》
强化生态环境保护制度	《云南省人民政府办公厅关于健全生态保护补偿机制的实施意见》

第三节 云南现行新型城镇化建设指标及政策协同分析

一 现行新型城镇化建设指标

根据2014年9月云南省政府办公厅印发的《云南省新型城镇化规划（2014—2020年）主要工作目标任务分解的通知》以及2016年7月云南省人民政府办公厅印发的《云南省人民政府关于深入推进新型城镇化建设的实施意见》，到2020年云南新型城镇化建设需要达到的各项指标（见表2-14）主要包括城镇化建设总体水平、基本公共服务建设、基础设施建设和环境保护四大类共计40项具体指标。这为云南新型城镇化建设明确了努力方向，也为评估其城镇化水平提供了参考指标体系。

第二章 云南新型城镇化建设政策环境

表 2-14 云南新型城镇化建设主要指标

建设目标	到 2020 年达到的建设指标	主办单位
（一）城镇化建设总体水平	（1）常住人口城镇化率达到 50%	省发改委、省住建厅、省城乡统筹办
	（2）户籍人口城镇化率达到 40%	省公安厅
	（3）累计新增城镇户籍人口 500 万人左右	省公安厅
	（4）引导 250 万人在中小城镇就近就地城镇化	省公安厅
	（5）在城镇稳定就业和生活的 150 万人落户城镇	省公安厅
	（6）建制县级市在全省县市区中的比重达到 27%	省民政厅
	（7）建制镇在全省乡镇中的比重达到 60%	省民政厅
（二）基本公共服务建设	（8）农民工随迁子女接受义务教育比例不低于 99%	省教育厅
	（9）城镇失业人员、农民工、新成长劳动力免费接受基本职业技能培训覆盖率达到 90%	省人力资源和社会保障厅
	（10）城镇新增就业人数累计达到 290 万人	省人力资源和社会保障厅
	（11）城镇常住人口基本养老保险覆盖率不低于 90%	省人力资源和社会保障厅
	（12）城镇常住人口基本医疗保险覆盖率不低于 95%	省人力资源和社会保障厅
	（13）城镇常住人口保障性住房覆盖率达到 25%	省住建厅
（三）基础设施建设	（14）六大城市群内部高速公路路网密度达到 0.0154 千米/千米^2	省交通运输厅
	（15）对城镇棚户区、城中村和 200 万户农村 D 级危房进行改造	省住建厅
	（16）百万以上人口城市公共交通在机动化出行中的比例达到 60%	省住建厅

47

续表

建设目标	到 2020 年达到的建设指标	主办单位
（三）基础设施建设	（17）城市和建制镇公共供水普及率分别达到 95% 和 85%	省住建厅
	（18）城镇污水处理率达到 87%	省住建厅
	（19）城镇生活垃圾无害化处理率达到 87%	省住建厅
	（20）城镇互联网宽带接入普及率不低于 30%	省通信管理局
	（21）城市社区综合服务设施覆盖率达到 90%	省民政厅
	（22）建成 5000 个美丽宜居乡村典型示范村和 210 个特色小城镇	省发改委
	（23）建制村路面硬化工程实现 100% 覆盖	省交通运输厅
	（24）农村地区供电可靠率不低于 99%	省能源局
	（25）农村地区综合电压合格率不低于 97%	省能源局
（四）环境保护	（26）人均城市建设用地不超过 100 平方米	省住建厅
	（27）建设用地山地坝区面积比例为 1.63	省国土资源厅
	（28）基本农田保护面积达到 7431 万亩	省国土资源厅
	（29）粮食生产能力达到 2000 万吨	省农业厅
	（30）城镇绿色建筑在新建建筑中的比重达 40%	省住建厅
	（31）城镇建成区绿地率达到 32%、绿化覆盖率达到 37%，人均公园绿地面积达到 10 平方米	省住建厅
	（32）地级以上城市空气质量达到国家标准比例稳定在 100%	省环境保护厅
	（33）九大高原湖泊水质优良率达到 44.44%	省环境保护厅
	（34）国家级园林城市、园林县城、园林城镇个数分别增加到 13 个、10 个、5 个	省住建厅
	（35）国家级传统村落个数增加到 500 个	省住建厅
	（36）历史文化名城名镇名村名街个数增加到 106 个	省住建厅
	（37）美丽宜居乡村村内生活垃圾定点存放清运率达到 90%	省住建厅

续表

建设目标	到 2020 年达到的建设指标	主办单位
（四）环境保护	（38）美丽宜居乡村生活污水处理农户覆盖率不低于 70%	省住建厅
	（39）美丽宜居乡村规模养殖场畜禽粪便有效处置及综合利用率达到 80%	省住建厅
	（40）美丽宜居乡村农作物秸秆综合利用率达到 85%	省住建厅

二　新型城镇化建设政策协同分析

（一）政策协同

政策协同就是在制定政策过程中，政策制定主体采用不同的政策措施并相互协调以实现目标的一种方法。政策协同包括政策措施之间以及政策目标之间的协同。政策协同也被称为政策协调、政策整合。Rogers 和 Whetten（1983：705 - 706）认为政策协调是"两个或两个以上的组织通过对新规则的创造，或者是对现有的各项相关决策规则的合理利用，从而实现轻松应对相似任务环境的一种状态"。Meijers 和 Stead（2004：1 - 15）认为政策整合是多元主体间的协同，将跨界协调分为政策合作、政策协调、政策整合。OECD 将政策协调按照维度分为横向整合、纵向整合、时间维度整合。其中，横向整合旨在确保多个政策之间相互支持，尽量避免政策目标相互冲突或政策内容不一致；纵向整合旨在确保政策产出能够与决策者的原初意图相一致；时间维度整合旨在确保当今政策在可预见的未来具有持续的效力。

（二）政策重叠与冲突

政策重叠容易造成"通过政策落实政策"，使得政策措施经过很长的政策链条而无法落地。随着时间的推移，一些政策调控的主体正在发生变化，因此政策内容需要相应进行改变，但是由于政策体系繁杂，某一项政策发生改变后，其相关联的政策可能并未发生与之一致的改变，从而造成政策冲突。政策重叠和冲突，极易造成政策失灵。例如，在住房保障政策方面，云南省政府在2015年4月出台《关于贯彻落实国家有关部委文件精神促进房地产业平稳健康发展的通知》，规定棚户区改造货币化安置比例提高到40%，在9月出台的《关于促进房地产业平稳健康可持续发展的指导意见》，又规定棚户区改造货币化安置比例提高到40%，造成政策重叠。在产城（镇）融合发展方面，云南省人民政府2016年6月出台的《关于进一步推进我省产城融合发展的实施意见》中规定"各地对坝区耕地质量补偿费除商住用地外，其余用地一律免缴"，但红河州人民政府2015年6月出台的《关于调整坝区耕地质量补偿费缴纳方式的通知》中规定"免收州、县（市）两级坝区耕地质量补偿费"，该政策目前依然有效，并未根据省政府的新政策加以调整，仍未对商住用地征收补偿费，造成政策冲突。

（三）政策空缺

城镇化建设需要政府政策的引领、推动和保障。政策的空缺将会造成建设任务无法推进、资源无法整合、缺乏建设导向，影响城镇化建设水平。云南在推进特色小城镇建设方面还存在诸多政策空缺。云南省政府仅在2017年3月出台了《云南省人民政府关于加快特色小镇发展的意见》，在现代农业型、工业型、商贸型、生态园林型等特色小城镇建设专项政策的制定上还存在空缺，尤其是在沿边与少数民族城镇村寨和城镇特色建设方面。此外，在城镇社会治理工作、人口管理制度改革、土地管理制度改革和生态环境制度强化方面，也还存在制度空缺。

（四）政策纵向整合不协调

云南省政府层面已经针对规划任务制定出台了一系列政策，用于推进全省新型城镇化建设，但是各地在执行政策时，并未与省政府步调一致，难以实现省政府制定政策的目标。如在推进农业转移人口落户政策方面，2015年5月省政府出台了《云南省人民政府关于进一步推进户籍制度改革的实施意见》，但仅有昆明市政府在2016年出台了《昆明市人民政府关于进一步推进户籍制度改革的实施意见》，将省政府的意见加以细化落实。在推进城乡公共服务一体化方面，2016年12月省政府出台了《云南省人民政府关于统筹推进县域内城乡义务教育一体化改革发展的实施意见》，各地政府并未提出实施对策。在创新城镇化资金保障机制方面，2015年5月省政府出台了《云南省人民政府关于创新重点领域投融资机制鼓励社会投资的实施意见》，该意见要求在2015年8月底之前各地出台政策细则，但仅有玉溪市政府在2016年2月出台了相关政策细则。

（五）政策横向整合不协调

政策横向整合需要确保单个政策之间的相互支持，避免政策目标与内容冲突。城镇化建设涉及多个方面的建设内容，必然需要多个部门合作才能够完成任务，多部门联合出台相关政策是横向整合的必要手段。然而，云南省各部门对于城镇化建设政策的制定并未采取联合方式。如在建立财政转移支付与农业转移人口市民化挂钩机制方面，2017年1月省政府出台了《云南省人民政府关于实施支持农业转移人口市民化若干财政政策的通知》，提出到2018年将构建起权责明晰、科学规范、功能完备、保障有力的支持新型城镇化和农业转移人口市民化的财政政策体系,将目标任务在各省级部门之间进行了分配,但目前还没有出台多部门共同制定的政策。在推进农业转移人口落户政策方面,2017年7月省政府出台了《云南省推动农业转移人口和其他常住人口在城镇落户方案》,提出由省公安厅、省发改委、省财政厅、省国土资源厅等多部门分工协作推进落户方案的实施,但目前也没有出台多部门共同制定的政策。

(六) 政策在时间维度上整合的不协调

要想确保当今城镇化建设政策在未来能够具有持续的效力,必须保证新旧政策的一致性。当旧政策失去效力时,与此政策相关的当前政策应进行调整和更新,保证当前政策在未来仍然具有持续的政策效力,否则政策将产生时间维度上的冲突。2007年9月,云南省政府颁布了《关于深化户籍管理制度改革的意见》。该意见现已失效,但各州市依据此意见所制定的具体政策目前依然处于有效阶段,如《昆明市人民政府关于户籍管理制度改革的实施意见》(2008年)、《楚雄州人民政府关于深化户籍管理制度改革的实施意见》(2008年)、《丽江市人民政府关于认真贯彻执行云南省深化户籍管理制度改革意见的通知》(2008年)等。

第三章

云南省新型城镇化建设的现状

第一节 云南省经济社会发展现状

一 云南省地理区位特征

云南地处中国西南边陲,位于东经97°31′至106°11′、北纬21°8′至29°15′之间,北回归线横贯省南部,属低纬度内陆地区。全省东西最大横距864.9千米,南北最大纵距990千米。全省地域总面积39.41万平方千米,东部与贵州省、广西壮族自治区为邻,北部与四川省相连,西北部紧依西藏自治区,西部与缅甸接壤,南部和老挝、越南毗邻。

云南有25个边境县分别与缅甸、老挝和越南交界,国境线长4060千米,其中,中缅边界1997千米,中老边界710千米,中越边界1353千米。改革开放以来,云南省沿边地区经济社会发展取得长足进步,人民生活水平显著提高。随着"一带一路"倡议以及长江经济带国家发展战略等的深入实施,云南省发展空间越来越广阔,这为云南省新型城镇化建设奠定了良好基础。

二 云南省民族文化特征

云南有 25 个世居少数民族,属于典型的多民族地区。第七次全国人口普查数据显示,云南省总人口为 47209277 人,汉族人口为 31573245 人,占全省总人口的 66.88%;各少数民族人口为 15636032 人,占全省总人口的 33.12%。2020 年云南沿边 8 个州市的总人口为 18245606 人,占全省总人口的 38.65%。云南沿边州市 25 个边境县(市)除镇康、龙陵和腾冲 3 个县(市)外,其他县(市)均属于少数民族自治县(市)。边境地区有 16 个民族跨境而居,占全国跨境民族总数的 1/2,跨境民族与周边国家民族文化同源,语言相通,习俗相近(见表 3-1)。

表 3-1 云南边境县(市)所在州市及其邻国

州市	县(市)	邻国
保山	腾冲、龙陵	缅甸
普洱	江城、澜沧、西盟、孟连	江城与越南、老挝接壤,其余与缅甸接壤
临沧	镇康、耿马、沧源	缅甸
红河	河口、金平、绿春	越南
文山	麻栗坡、马关、富宁	越南
西双版纳	景洪、勐海、勐腊	勐腊与老挝、缅甸接壤,其余与缅甸接壤
德宏	芒市、瑞丽、盈江、陇川	缅甸
怒江	泸水、福贡、贡山	缅甸

第三章　云南省新型城镇化建设的现状

沿边地区还有 7 个人口较少民族，包括独龙族、德昂族、基诺族、怒族、阿昌族、普米族、布依族等。此外，云南沿边地区大多是"直过区"。20 世纪 50 年代初，云南沿边地区直过民族和人口较少民族还处于原始社会末期，一些少数民族还处于奴隶制、封建领主制、封建地主制等社会经济形态。

基于特殊的地理与人口结构，云南形成了以下四个方面的民族文化特征。

第一，民族文化结构的封闭性和传统文化的相对完整性。由于特殊的地理环境，云南在历史上较封闭，与外界较少有物质和文化信息交流，很少受到现代文明的辐射，再加上生产力低下，其文化教育事业的发展受到制约，与内地东部沿海地区相比，传统民族文化在这里保存相对完整，社会生活仍旧保持着传统习俗的巨大惯性。这种状况在改革开放以后才逐步被打破。

第二，民族文化与宗教文化的同一性。宗教在云南民族地区历史悠久，具有时间长、分布广、影响大的特点，在老百姓中有着巨大影响。在云南少数民族地区，大多数民族信奉宗教，有些还是全民信教，其宗教信仰、宗教生活在少数民族心中往往占有相当重要的地位。世界上各种民族文化都同宗教有着密切的联系，但民族文化不限于宗教文化，而是有着更丰富的内容和形式，有些宗教则超越民族界限，成为一种多元文化现象。

第三，民族形式的多样性和文化形态的民族性。云南拥有多民族并存的社会结构，每个民族都有自己独特的文化传统、民族风情、民族风格。云南多姿多彩的民族文化，在门类划分、地域分布、层面结构、项目内容等方面都具有鲜明的特色。各种民族文化较多地保留着独特的文化原生态，具有较高的美学价值和无限的魅力。

第四，民族文化的血缘性与地缘性。血缘性是云南少数民族社会的重要特征。长期以来，各民族中普遍存在以氏族（家族）为单位举行的宗教活动，但随着现代因素的介入，这种情况正在发生变化。现代社会中，社会组织关系由血缘性向地缘性转变，为按地缘联系形成的社会共同体——地缘性社区的形成创造了条件。随着地缘性社区的形成，同一地缘性社区内多民族杂居的情况将越来越多，地缘关系将逐渐取代血缘关系成为民族个体社会交往的主要依据。因此，随着地缘性关系的发展，云南少数民族社会的血缘性特点将逐渐减弱。

三 云南省经济发展状况

云南省地处西南边疆，属于中国经济欠发达地区。2020年，云南省GDP为2.45万亿元，第一产业产值为3598亿元，第二产业产值为8287亿元，第三产业产值为12635亿元，非农产业产值远低于广东省的11.07万亿元，也低于四川省的4.86万亿元和重庆市的2.5万亿元，但高于广西和贵州。云南省经济主要依赖第三产业，第二产业亟待发展，第一产业欠发达，沿边地区经济发展水平尤其落后。具体表现如下。

（一）沿边地区经济发展落后，产业结构单一，以农业为主，第二、三产业的发展严重滞后

农业中，种植业占比过高，林业、牧业和渔业发展缓慢。众所周知，农村地区林业、牧业和渔业的发展有利于充分开发农业资源，分散农业生产的自然风险和市场风险，而

第二、三产业的发展是吸纳农村剩余劳动力的有效途径,可以增加农民收入。农村产业结构单一将直接导致农民就业渠道减少,收入水平难以提高。因此,第一产业比重过高,非农产业发展明显不足成为民族地区经济增长缓慢的一个重要原因。

"十三五"以来,随着沿边开发开放的深入推进、兴边富民工程的深入实施,沿边地区生产生活条件不断改善,资源加工、边境旅游、特色农业等特色产业加快发展,经济实力不断增强。2020年,沿边地区8个州市地区生产总值达7681.3亿元,占全省GDP的31.35%,人均地区生产总值42099元,较2015年的20947元,增长了1倍有余,但仍低于全省人均51897元的水平。

(二) 云南沿边地区开放开发刚起步

根据云南省"十三五"沿边经济带开发规划,按照对缅、对老、对越开放3个战略方向,云南将建设"一核三线三圈"沿边地区开发开放空间新格局。滇中城市群是全国"两横三纵"城市化战略格局中的重要组成部分。云南将面向缅、老、越3个沿边开放战略方向,以滇中城市群为核心,利用昆保芒瑞、昆磨、昆河3条大通道形成3条辐射线路,形成"做强滇中,搞活沿边"的产业布局。云南省统计局公布的最新资料显示,与2019年相比,2020年云南规模以上工业粗钢产量2233.02万吨,增长3.6%;钢材产量2640.72万吨,增长13.7%;10种有色金属产量511.41万吨,增长26.2%;水泥产量12984.71万吨,增长1.1%;卷烟产量703.18万箱,增长0.6%;成品糖产量261.22万吨,增长9.4%。上述产品在缅甸、越南等国的市场份额较大。此外,在强化出口的同时,云南也从缅、越、老等国家进口大量的木材、矿产、农副产品等，以满足省内生产生活所需。这说明云南经济与缅、越、老等国经济的互补性强，且已形成滇缅、滇老和滇越3个国际经济合作圈。

四 云南省社会事业发展现状

根据云南2019年对全省文化和文物事业统计的结果来看，全省公共图书馆共有150个，沿边地区中红河图书馆最多，共计14个，西双版纳图书馆最少，仅4个，沿边地区图书馆数量占全省图书馆数量的比例为44.67%（见表3-2）。全省公共图书馆藏书量为1973.4万册，沿边地区图书馆藏书量占全省图书馆藏书数量的比重为40.61%。艺术表演团体全省共计299个，沿边地区艺术表演团体最多的是德宏，共计53个，最少的是怒江和西双版纳，分别有5个，沿边地区艺术表演团体占全省艺术表演团体数量的比重为49.83%。沿边地区中，仅有怒江与西双版纳具备艺术表演场所，合计3个，占全省的比例为6.25%。沿边地区群众艺术馆及文化馆数量最多的是红河，共计14个，最少的是西双版纳，仅4个，总量占全省的44.6%。沿边地区文化站数量最多的是红河，共计139个，最少的是怒江仅有29个，总量占全省的44.48%。沿边地区文物事业费投入最多的是红河，共计0.51亿元，最少的是临沧、怒江、西双版纳均为0.07亿元，总量占全省的37.17%。沿边地区博物馆最多的是保山，共计17个，最少的是怒江和西双版纳，分别有2个，总量占全省的40.58%。由此可见，云南沿边8个州市的文化事业建设落后于其他8个州市，反映出沿边地区民族文化的开发力度还不足。

第三章 云南省新型城镇化建设的现状

表3-2 2019年云南各州市文化事业建设情况

州市	公共图书馆（个）	公共图书馆藏书量（万册）	艺术表演团体（个）	艺术表演场所（个）	群众艺术馆及文化馆（个）	文化站（个）	文物事业费（亿元）	博物馆（个）
昆明	16	362.31	31	23	15	140	0.67	31
曲靖	11	180.66	33	4	10	137	0.17	12
玉溪	10	149.33	11	5	10	75	0.26	5
保山	7	101.62	7	0	6	81	0.30	17
昭通	12	98.75	14	1	12	146	0.16	4
丽江	6	69.23	14	6	6	65	0.21	6
普洱	11	103.25	14	0	11	105	0.15	8
临沧	9	82.05	41	0	10	84	0.07	4
楚雄	11	143.86	10	4	11	103	0.27	6
红河	14	204.87	14	0	14	139	0.51	14
文山	9	147.21	11	0	9	105	0.16	3
西双版纳	4	23.77	5	2	4	44	0.07	2
大理	13	136.59	34	0	14	110	0.43	13
德宏	8	68.34	53	0	7	58	0.09	6
怒江	5	70.30	5	1	5	29	0.07	2
迪庆	4	31.26	3	2	4	29	0.23	5

第七次全国人口普查数据显示，云南省3岁及以上人口中，具有大专及以上文化程度的人口为5476730人，占总人口的11.6%；具有高中（含中专）文化程度的人口为4880416人，占总人口的10.34%；具有初中文化程度的人口为13804371人，占总人口的29.24%；具有小学文化程度的人口为16838245人，占总人口的35.67%。与2010年第六次全国

人口普查结果相比，云南省每10万人中具有大学文化程度的人口由5778人上升为11601人，具有高中文化程度的人口由8376人上升为10338人，具有初中文化程度的人口由27480人上升为29241人，具有小学文化程度的人口由43388人下降为35667人。全省15岁及以上人口中，文盲人口为2193281人，与2010年第六次全国人口普查结果相比，文盲人口减少574862人，文盲率由6.03%下降为4.65%，下降1.38个百分点。总体来看，云南省的教育水平偏低，人口文化素质普遍不高，高学历人口较少，低学历人口较多。

2019年，全省卫生医疗机构人员共计42.93万人，其中城镇卫生医疗机构人员达到34.15万人，农村卫生医疗机构人员仅有8.78万人，其中乡村医生只有37483人。城乡居民每万人拥有的医务人员分别是144人和35人，两者的比值高达4.1。2002~2019年，城乡居民每万人拥有的医务人员比值呈现不断上升趋势，最高达到4.8，反映出云南省城乡医疗服务的供给差距不断扩大，更多的医疗资源集中在城市，农村居民享受着较少的医疗服务。

截至2020年底，全省广播、电视综合人口覆盖率分别达到99.26%和99.38%。通过统筹无线、有线、卫星3种方式，广播电视的直播卫星用户超过1100万户，有线电视用户约380万户，IPTV用户约411万户，互联网电视（OTT）用户约487万户。"十三五"以来，中央和省级财政共投入18亿元支持全省广播电视事业建设，全省8502个贫困村、11个"直过民族"和人口较少民族主要聚居区、易地扶贫搬迁集中安置点均实现广播电视信号全覆盖。农村用户通过广播电视卫星户户通设备，能够免费收看87套电视节目和收听47套广播节目。城乡密集人口地区通过无线接收设备可免费收看 12 套中央数字电视节目、收听 3 套中央数字广播节目。云南省加大了广播电视节目供给，较好地满足了人民群众的精神文化需求。

五 云南省社会稳定现状

由于云南省边境少数民族聚居地区交通不便、教育欠发展以及经济社会发育程度落后，少数民族社会相对封闭。近年来，周边国家对其边境地区采取的一些特殊政策，对一些历史遗留问题的处置，给中国边境居民造成了一定影响，给维护国家安全、民族团结和边境安宁带来一定挑战。另外，毗邻世界毒品种植和加工的主要区域，使边境地区面临反渗透和禁毒防艾的双重压力，维护民族团结和边境地区稳定的任务十分繁重。

（一）跨境婚姻与沿边地区社会稳定

云南省有 8 个州市的 25 个县（市）分别与缅甸、越南、老挝 3 国 6 个边境省（邦）接壤。8 个沿边州市中，西双版纳与缅甸、老挝两国接壤，普洱与缅甸、老挝、越南三国接壤。16 个民族跨境而居。

随着云南省沿边地区的全面开放，这些地区的民族跨境流动日益频繁。除传统的走亲访友、节日互动外，到境外务工、贸易或从事经营开发的人员规模日渐扩大。边境地区早已存在的跨境婚姻数量自 20 世纪 90 年代以来急剧上升，且呈现一边倒的态势（缅甸、老挝、越南女性嫁到中国境内）。大量事实婚姻的存在与持续增加，给沿边地区带来了一系列显性和隐性的社会问题，不仅极大地增加了边境基层政府管理难度和管理成本，而且给沿边社会安全带来诸多潜在风险和不稳定因素。事实婚姻家庭面临的生活质量、子女教育、劳动就业、社会保障等一系列的现实问题,给这些地区的社会安全与发展带来更大的隐患。随着跨境婚姻数量的急剧增加,跨境婚姻涉及的人口也不断增加,这将带来一系列隐性的社会问题,深刻影响着沿边地区的发展与稳定。

(二)最低生活保障与沿边地区社会稳定

云南沿边地区农村最低生活保障与边境地区的社会稳定有着密切的关系。首先,云南沿边地区少数民族往往跨境而居,与越南、老挝、缅甸等国家的一些民族同族同宗,其语言、文化、生活习俗等相同或相近,平时通过边境贸易或人员往来建立起密切的联系,彼此之间具有较强的文化认同感。沿边地区农村居民医疗和教育条件落后、收入较低以及贫困率较高,这为维护边境地区社会稳定带来压力。其次,生活贫困导致一部分沿边地区农村居民铤而走险参与境外毒品运输和贩卖。

第二节 云南省进城农民工生存现状

一 农民工劳动就业现状

云南是一个经济欠发达省份,农村劳动力异地就业主要存在就业途径单一、当地政府工作力度不够、劳动强度大、工作性质单一、就业歧视严重、首次就业年龄偏小、青壮年劳动力大量出走造成本地经济发展滞后以及留守儿童等方面的问题。农民工就业问题的产生主要有两个方面的原因。

其一,流动性强导致就业难。一是传统农民工与土地关系密切，农忙时就回家务农，农闲时就外出务工，流动性强；二是流动人口大多文化素质和技术能力偏低，外出务工以体力劳动为主，主要从事技术和文化水平要求都不高的职业，如服务员、保洁员、保安等，但这些职业往往替代性强，劳动力供给充裕，他们随时面临失业的风险；三是新一代农民工外出务工的年龄日趋年轻化，大多是单身，不需要担负家庭的责任，一旦对工作不满意，他们就会选择其他工作，或去其他城市打工。

其二，文化素质低导致缺乏就业竞争力。文化素质低是流动人口普遍存在的现象。知识结构决定就业结构，由于流动人口自身的文化水平低，又无一技之长，他们大多在劳动密集型行业就业，如制造业、建筑业、服务业等。流动人口的就业结构与劳动力市场结构不匹配，导致流动人口就业更加困难。一方面是流动人口就业难，一方面是企业熟练技工岗位空缺，"技工荒"问题严峻。

云南省委、省政府历来非常重视农民工的权益保护问题，并出台了《云南省农民工工资支付保障规定》。该规定成为云南省首部专门保障农民工工资支付的省级政府规章，以"三金五制"为核心，完善了农民工工资支付的保障制度。

二 农民工住房保障现状

农民工住房保障措施主要包括以下两项。

其一，廉租房。把农民工列入廉租房的保障范围。为改善农民工住房条件，云南省在农民工相对集中的城镇、开发区和工业园区，试点建设供农民工居住的保障性出租住房。以政府为主导，以企业为主体，通过市场运作来建设廉租房，从而把农民工逐渐纳入住房保障范围。

其二，公共租赁房。云南省公租房的保障对象为人均月收入不高于2975元，人均住房建筑面积低于13平方米的个人或家庭。

现有的城镇住房保障政策针对的主要是城市的中低收入人群，没有专门针对农民工的住房政策。因此，政府应考虑制定农民工城镇住房保障政策，逐步把农民工的住房问题纳入城镇住房制度，最终使农民工的城镇住房问题在统一完整的城镇住房体制的统筹安排和有序运行中得到妥善解决。

三　农民工子女教育保障现状

在家庭教育方面，很多儿童的父母一方或者双方外出务工，而把儿童留在家中，这使儿童失去了和自己父母共同生活的家庭成长环境。留守儿童的学习成绩往往比非留守儿童的差，主要原因是父母不在身边，发现问题不能及时解决，从而导致留守儿童学习成绩越来越差。有些留守儿童甚至出现逃学、厌学的情况。留守儿童父母不在身边，使得他们处于教育边缘地位，成为被忽视的边缘群体。他们与父母缺乏基本的情感交流与沟通，使得亲子关系出现问题，甚至有的留守儿童对父母产生陌生感。

在学校教育方面，目前农村地区学校存在很多问题，不能很好地对留守儿童进行有效教育。一是学校教育设施匮乏、不完善，很多农村留守儿童无法接受良好的教育。二是教学管理体系不规范，课程设置不全，留守儿童学习兴趣不高。三是农村教师专业性和稳定性不足，年龄结构失调，师资力量薄弱，很多教师不能很好地理解和掌握留守儿童的心理，采取措施帮助他们解决学习、生活、心理等问题。四是学校对留守儿童关心不够，没有建立关于留守儿童的档案，与留守儿童父母之间缺乏必要的联系和沟通。

四 农民工养老保障现状

云南省于 2005 年就已进入人口老龄化社会。2020 年末，云南省总人口为 4721 万人，60 岁以上的人口达到 703.8 万人，占云南省总人口的 14.91%，其中 65 岁及以上人口为 507.33 万人，占总人口的 10.75%。与 2010 年第六次全国人口普查结果相比，60 岁及以上人口的比重上升 3.84 个百分点，65 岁及以上人口的比重上升 3.12 个百分点，云南省已属"未富先老"的经济欠发达省份。

云南省已经初步建立养老服务事业政策体系。1999 年出台了《云南省老年人权益保障条例》，逐步建立了完善的社会救助制度。2007 年云南省出台了《关于加快发展养老服务事业实施意见的通知》《云南省老龄事业发展"十一五"规划》《关于进一步加强新时期民政工作的意见》等文件。2009 年初省政府起草了《云南省人民政府关于推进养老服务体系建设发展规划（2010—2015 年）》，养老机构得到税费减免等优惠，发展积极性普遍提高。2016 年颁布了《云南省养老服务体系建设"十三五"规划》，2018 年出台了《云南省人民政府关于进一步加快老龄事业发展的实施意见》。这些政策的出台与贯彻落实，明确了云南省养老服务体系建设的发展方向，厘清了建设的思路与步骤，建立了云南省老龄事业发展的长效机制。

云南省农村社会养老保险的发展分两个阶段。第一阶段是2005年之前的农保阶段。1992年1月，按照民政部《县级农村社会养老保险基本方案（试行）》的要求，云南省人民政府发出《关于开展当前农村社会养老保险工作的通知》，云南省农村社会养老保险试点工作启动。第二个阶段是2005年之后的新型农保阶段。2005年6月，云南省劳动和社会保障厅发布《关于农村社会养老保险有关问题的处理意见》，提高了新参保农民的缴费标准，设定了最低缴费额度，改革了农村社会养老保险基金管理机制。2006年至今，云南省各级政府加大了对农村养老保险工作的关注力度，积极开展新农保试点工作。

尽管云南省出台了一系列养老保障措施和政策，但农民工养老保障水平仍落后于全省整体保障水平。

五　农民工医疗保障现状

针对农民工大量进城的现象，云南省政府推出了"新农保"来保障农民工的健康。"新农保"制度虽然立足于云南省经济社会发展水平，较好地体现了社会保障的"共济性"原则，但在沿边地区实施中还存在许多问题，主要表现为：大多数沿边地方政府的财力有限，无力落实国家规定的每人每年30元的标准。

六　农民工在农村的权益保护现状

不少农民进城务工后，既想过上城里人的"好日子"，又不愿意轻易放弃农民的身份。一是担心城市生活成本较高，虽然有基本公共服务提供各类保障，但对能否在城里安居乐业，顺利实现市民化存在疑虑；二是担心成为市民后，会失去在农村的原有权益。为了消除农民工进城落户的顾虑，云南省政府出台政策，明确州市政府不得强行要求进城落户农民转让其在农村的土地承包权、宅基地使用权、集体收益分配权，或者将其作为进城落户的条件。同时，云南省通过健全农村产权流转交易市场，逐步建立进城落户农民在农村的相关权益退出机制，为进城落户农民在农村合法权益的流转创造条件，实现其权益的保值、增值。

七　农民工户籍管理制度现状

大部分农民工没有城镇户口，无法享受相应的权利。比如，没有城镇户口就不能申请经济适用房和限价房；在子女上学方面，家长要交一笔可观的借读费，而且在教育资源稀缺的情况下，不能选择好学校；在就业上，无法享受失业保险和最低生活保障金，工作应聘受限。因此，云南省政府实施了户籍改革。改革的方法是按照在居住地登记户口的原则，建立以常住户口、暂住户口为基础的户口登记制度，以及以出生证、身份证为主的管理办法，逐步打破城乡分割的二元户籍机制，保证在制度体系上让农民工在就业求职、就业待遇、权益维护、社会保障等各个方面享受市民待遇。

第三节　云南省城镇居民的生活质量

一　城镇居民劳动就业现状

云南省地区发展不平衡，各州市的经济发展差异很大，造成各地劳动力就业差异也较大。2019 年，全省城镇就业人员占就业人员总数的比重为29.78%。除红河外,云南沿边州市城镇就业人员占就业人员总数的比重均低于全省平均水平,其中文山最低,仅为14.14%。从统计结果来看,昆明市遥遥领先于其他州市,城镇就业人员占比超过全省平均水平的还有玉溪、迪庆、红河、丽江,其余州市均低于全省平均水平(见表3-3)。所以,云南省城镇化建设需要加快推进。

表3-3 2019年云南各州市就业人员情况

单位:万人,%

州市	就业人员	城镇就业人员	城镇就业人员占比
昆明	467.45	297.97	63.74
玉溪	165.25	61.33	37.11
迪庆	26.50	8.35	31.50
红河	280.39	85.75	30.58
丽江	84.11	25.37	30.17
曲靖	395.15	115.18	29.15
楚雄	172.02	46.77	27.19
德宏	80.36	20.39	25.37
西双版纳	59.48	14.46	24.31
普洱	162.35	36.99	22.78
怒江	34.82	7.41	21.27
临沧	155.27	30.56	19.68
保山	169.77	33.22	19.57
大理	202.73	35.79	17.66
文山	217.47	30.75	14.14
昭通	317.27	40.19	12.67
全省	2990.38	890.48	29.78

资料来源:《云南统计年鉴(2020)》。

第三章 云南省新型城镇化建设的现状

2020年末,西双版纳就业人数为67.30万人,比上年末增加7.82万人,城镇登记失业率为3.6%,比上年末提高0.6个百分点,社会保障与就业支出213287万元,较上年末下降22.9%。文山为加快乡村产业发展,颁布了促进农民就业的11条措施,城镇新增就业2.02万人,累计发放各类就业补助2.69亿元、创业贷款6.61亿元,城镇登记失业率控制在3.8%以内。普洱多渠道保障就业,实施高校毕业生就业创业行动计划,加大创业群体扶持力度,城镇新增就业1.4万人,农村劳动力转移就业10万人,城镇登记失业率控制在5.5%以内。保山力保居民就业,开发就业岗位3.92万个,新增就业2.74万人,城镇登记失业率为3.89%,转移农村劳动力99.61万人。德宏新增城镇就业6341人,城镇登记失业率4.18%;新增农村劳动力转移就业10.66万人,开展补贴性职业技能培训2.87万人,发放创业担保贷款4.1亿元。临沧新增城镇就业3.05万人,城镇登记失业率3.56%。"十三五"期间,红河城镇累计新增就业21.77万人,开发乡村公益性岗位3.66万个,坚持以强有力措施降低疫情对民生保障的冲击,将0.43万受疫情影响生活困难人员及时纳入低保,开展临时救助1.4万人,专项招聘教师、医务工作者3355人,实现城镇新增就业4.36万人。怒江抓实稳就业和保就业工作,新增农村劳动力转移就业6.94万人("十三五"期间转移农村劳动力就业53.43万人次),城镇新增就业5800人,开发城乡公共服务岗位9896个,发放"贷免扶补"及创业担保贷款7221万元,兑现稳岗补贴1243万元,加强就业技能培训,规范公益性岗位管理,确保易地扶贫搬迁劳动力就业率达到85%。

二　城镇居民社会保障现状

云南省各州市尤其是沿边地区依据城镇居民的生活需求，多层次、多方位地提供社会保障服务，从而不断提高城镇居民的社会福利水平。

（一）全省城镇居民社会保障现状

2020年末，全省参加城镇职工基本养老保险人数701.34万人，比上年末增加51.46万人。其中，参保职工515.78万人，参保离退休人员185.56万人。参加城乡居民基本养老保险人数2450.18万人，比上年末增加40.14万人。参加城乡居民基本医疗保险人数4032.83万人，比上年末增加27.37万人。参加失业保险人数307.39万人，比上年末增加18.22万人。参加工伤保险人数498.81万人，比上年末增加60.30万人。

2020年末，全省各类提供住宿的社会服务机构和设施共3658个，其中养老服务机构和设施3271个；社会服务床位12.9万张，其中养老床位12.2万张；各类社区服务设施11719个，其中社区服务中心509个，社区服务站8538个。[①]

（二）沿边地区城镇居民社会保障现状

2020年末，西双版纳参加失业保险人数8.31万人，比上年末增加0.76万人。参加城镇职工基本养老保险人数20.73万人，比上年末增加0.85万人。其中，参保的职工有13.79万人，参保的离退休人员有6.94万人。参加城乡居民基本养老保险人数47.87万人，比上年末增加0.57万人。参加城镇职工基本医疗保险人数19.19万人，比上年末减少

---

① 《2021年云南统计年鉴》，云南省人民政府网站，2022年3月8日，https://www.yn.gov.cn/sjfb/tjnj_2/202203/t20220308_238095.html。

0.20万人。其中,参保的职工有12.14万人,参保的离退休人员有7.05万人。参加城乡居民基本医疗保险的有82.46万人,比上年末增加2.33万人。①

2020年末,保山有社会服务设施109个,社会服务事业支出7.87亿元,养老服务机构61个,比上年末增加1个,养老机构床位数10229张,比上年末增加1322张。每千名老年人拥有养老床位数23张,社会福利院床位数1550张。有8767人享受城镇居民最低生活保障,城市社区综合服务设施覆盖率100%。城镇职工基本养老保险参保人数25.1万人,城镇离退休人员参加基本养老保险人数6.2万人。城镇居民社会养老保险参保人数147.1万人。城镇居民基本医疗保险参保人数257.1万人。②

2020年末,德宏参加城镇职工基本养老保险人数17.20万人,比上年末增加1.56万人;城乡居民基本养老保险参保人数59.95万人,比上年末增加0.85万人;参加失业保险人数6.74万人,比上年末增加0.34万人;城镇职工基本医疗保险参保人数14.14万人,比上年末增加0.29万人;城乡居民基本医疗保险参保人数108.22万人,比上年末增加1.17万人;参加工伤保险人数11.82万人,比上年末增加1.0万人;参加生育保险人数9.31万人,比上年末增加0.38万人。纳入城镇居民最低生活保障范围的人数0.41万

---

① 《西双版纳傣族自治州2020年国民经济和社会发展统计公报》,西双版纳傣族自治州人民政府网站,2021年6月3日,https://www.xsbn.gov.cn/597.news.detail.dhtml?news_id=2174405。

② 《保山市2020年国民经济和社会发展统计公报》,保山市人民政府网站,2021年5月28日,http://www.baoshan.gov.cn/info/egovinfo/1001/zfxxgkpt/zfxxgkptzn-content/01525516-1-/2021-0508001.htm。

人，比上年末减少0.08万人。全年发放城镇居民最低生活保障金2154.51万元，比上年末下降11.2%。①

2020年末，临沧市参加基本养老保险人数158.74万人，比上年末增加2.88万人。其中，参加城镇职工基本养老保险人数20.00万人，比上年末增加0.57万人；参加城乡居民基本养老保险人数138.74万人，比上年末增加2.31万人；参加失业保险人数10.84万人，比上年末增加0.54万人；参加工伤保险人数15.64万人，比上年末增加1.05万人。参加基本医疗保险人数230.79万人，比上年末增加1.44万人。其中，参加城镇职工基本医疗保险人数16.51万人，比上年末增加0.56万人；参加城乡居民基本医疗保险人数214.28万人，比上年末增加0.88万人。参加生育保险人数11.78万人，比上年末增加0.16万人。全市拥有养老机构241个，比上年末增加24个；拥有床位11362张，比上年末增长3.5%；拥有集中供养福利机构47个，比上年末增加6个；拥有床位3326张，比上年末增长13%。②

2019年末，文山社会保障体系更加健全，城乡居民基本养老保险、基本医疗保险覆盖率分别达100%和98.49%。全年支付基本医疗保障资金33.05亿元，惠及1003.5万人次；发放社会救助、养老等各类民生资金30.9亿元，惠及49.46万人次。③

---

① 《德宏州2020年国民经济和社会发展统计公报》，德宏州统计局网站，2021年4月21日，http://www.dh.gov.cn/tjj/Web/_F0_0_04K66UIFKB4JVGAJ8NVHSBHBQS.htm。

② 《临沧市2020年国民经济和社会发展统计公报》，临沧市人民政府网站，2021年5月19日，http://www.lincang.gov.cn/info/1080/13166.htm。

③ 《2020年文山市国民经济和社会发展统计公报》，文山市人民政府网站，2021年6月4日，http://ynwss.gov.cn/info/1964/88453.htm。

第三章 云南省新型城镇化建设的现状

2019年末,普洱市参加城镇职工基本养老保险人数为28.24万人,比上年末增加0.74万人。其中,参保职工15.08万人,比上年末增加0.50万人。参加城乡居民基本养老保险人数145.79万人,比上年末增加4.75万人。参加城镇职工基本医疗保险人数21.85万人,比上年末增加0.41万人。参加城乡居民基本医疗保险人数218.50万人,比上年末减少0.12万人。全市城镇参加失业保险人数12.43万人,比上年末增加0.53万人;参加工伤保险人数20.32万人,比上年末增加1.51万人;参加生育保险人数14.51万人,比上年末减少0.08万人。①

2019年末,红河参加基本医疗保险人数为432.17万人,参加工伤保险人数为30.65万人,参加生育保险人数为23.07万人,享受生育保险待遇的人数为1.17万人,参加失业保险的人数为20.45万人。全州共投入使用养老服务机构和设施416个,共有社会组织1812个。全州享受城镇居民最低生活保障的人数为6.32万人,全年共支出城镇居民最低生活保障资金2.98亿元。②

三 城镇居民收入

(一) 城镇职工工资收入

从2019年云南省各州市职工工资统计情况来看,全省职

---

① 《普洱市2020年国民经济和社会发展统计公报》,普洱市人民政府网站,2021年6月11日,https://www.puershi.gov.cn/info/egovinfo/1001/xxgk_content/1030-/2021-0611001.htm。
② 《云南省红河哈尼族彝族自治州2020年国民经济和社会发展统计公报》,国研网,2022年1月21日,http://sjk14.e-library.com.cn/DRC-Net.Mirror.Documents.Web/DocSummary.aspx?docid=6331612&leafid=14。

工平均工资达到 9.18 万元/人，其中，国有单位平均工资较高，其次是城镇集体单位，最后是其他单位（见表 3-4）。各州市职工平均工资最高的是迪庆，达到 12.55 万元/人；最低的是红河，仅有 7.67 万元/人。低于全省职工平均工资水平的有 10 个州市，高于昆明市职工平均工资水平的州市有迪庆和丽江。保山、临沧、昭通和楚雄的城镇集体单位平均工资高于国有单位平均工资，且都超过 10 万元。沿边州市中，只有文山的职工平均工资超过全省平均水平，其余均低于全省平均水平。提高沿边地区城镇职工的工资收入仍是城镇化建设的重要内容。

表 3-4 2019 年云南各州市城镇职工工资情况

单位：亿元，万元/人

州市	职工工资总额	职工平均工资	国有单位平均工资	城镇集体单位平均工资	其他单位平均工资
迪庆	44.06	12.55	16.48	13.26	7.56
丽江	72.91	9.78	11.54	9.71	6.75
大理	179.12	9.41	11.74	11.64	6.07
昆明	1025.66	9.41	12.23	7.65	8.43
玉溪	143.15	9.40	11.42	6.63	7.52
文山	139.78	9.20	10.42	8.81	6.99
普洱	118.77	8.98	10.30	5.98	6.36
临沧	109.05	8.90	10.96	14.30	5.42
昭通	185.90	8.88	9.25	10.13	7.55
楚雄	120.08	8.81	10.59	13.29	6.17
德宏	73.12	8.54	10.15	3.60	6.11
西双版纳	72.66	8.49	9.63	7.04	6.76

续表

州市	职工工资总额	职工平均工资	国有单位平均工资	城镇集体单位平均工资	其他单位平均工资
保山	115.21	8.12	9.71	12.88	6.02
曲靖	239.13	7.92	9.49	7.83	6.42
怒江	33.62	7.90	8.97	7.10	6.26
红河	185.18	7.67	8.84	6.83	6.45
全省	2857.4	9.18	10.65	7.92	7.78

资料来源：《云南统计年鉴（2020）》。

（二）城镇居民人均可支配收入

2020年末，云南省居民人均可支配收入为23295元，城镇居民人均可支配收入达到37500元，约是农村居民人均可支配收入的3倍。从16个州市的统计结果可以看出，昆明市城镇居民人均可支配收入最高，达到48018元，农村居民人均可支配收入为17719元，城乡收入比为2.71；怒江城镇居民人均可支配收入最低，仅为27506元，城乡收入比高达3.52（见表3-5）。超过全省城镇居民人均可支配收入平均水平的州市仅有昆明、玉溪、迪庆、曲靖、大理、楚雄，其中城乡收入比最大的是迪庆，最小的是玉溪。丽江、昭通和8个沿边州市城镇居民人均可支配收入均低于全省平均水平，其中怒江城乡收入比最大，西双版纳城乡收入比最小。由此可见，云南省未来城镇化建设过程中，重点是要不断提高沿边地区城镇居民的可支配收入，从而提升城镇居民的生活质量，同时要加速提高农村居民可支配收入，缩小城乡居民可支配收入差距。

表3-5 2020年云南各州市城乡居民人均可支配收入情况

州市	居民人均可支配收入（元）	城镇居民人均可支配收入（元）	农村居民人均可支配收入（元）	城乡收入比
昆明	38762	48018	17719	2.71
玉溪	未公布	42125	16835	2.50
迪庆	未公布	40662	10391	3.91
曲靖	25190	38657	14793	2.61
大理	23856	38435	13645	2.82
楚雄	22883	38285	12861	2.98
丽江	未公布	37022	12370	2.99
保山	20555	36433	13426	2.71
红河	未公布	34736	10430	3.33
文山	19850	33709	12001	2.81
西双版纳	22960	33147	15463	2.14
德宏	20656	32770	12356	2.65
普洱	未公布	32658	12366	2.64
昭通	16841	31007	11283	2.75
临沧	未公布	30794	12824	2.40
怒江	未公布	27506	7810	3.52
全省	23295	37500	12842	2.92

四 城镇人居环境

从2019年云南各州市的城区人口、建成区面积、绿化覆盖率、公园绿地面积、城市污水处理和空气质量监控等方面数据的统计分析来看（见表3-6），全省城区人口密度为3039人/千米^2，曲靖、昭通、丽江、红河、怒江人口密度超过5000人/千米^2，昆明、玉溪、西双版纳、德宏、迪庆城区人口密度低于 3000 人/千米^2，其余州市均超过全省平均水平。沿边 8 个州市中，西双版纳人口密度最低，仅为 1085 人/千米^2；其次是迪庆，为 1486 人/千米^2；红河人口密度最高，达到 5441 人/千米^2。全省建成区绿化覆盖率为 39.03%，昆明、玉溪、保山、普洱、临沧、红河 6 个州市建成区绿化覆盖率超过全省平均水平，其余 10 个州市均未达到全省平均水平，建成区绿化覆盖率最低的是怒江，仅为 23.70%。全省人均公园绿地面积为 11.48 平方米，昆明、昭通、普洱、临沧、文山、大理、德宏、怒江、迪庆等人均公园绿地面积均少于全省平均水平；最多的是丽江，达到 14.60 平方米；最少的是文山，仅有 8.06 平方米。城市污水处理率全省平均水平为 95.00%，沿边 8 州市均低于全省平均水平，最低的为怒江，仅有 73.73%。沿边 8 州市主要城市的空气质量综合指数均低于昆明，表明空气污染程度均低于昆明，其中空气污染程度最低的是保山，每立方米仅有 2.35 微克。由此可见，云南省城镇人居环境整体较好，但是对沿边地区环境的保护还需加强。

表 3–6　2019 年云南省 16 州市城镇人居环境情况

州市	城区人口（万人）	城区人口密度（人/千米^2）	建成区面积（平方千米）	建成区绿化覆盖率（%）	人均公园绿地面积（平方米）	城市污水处理率（%）	空气质量综合指数（微克/米^3）
昆明	467.36	2109	548.70	41.60	11.28	96.06	3.43
曲靖	164.34	5879	228.69	38.30	12.24	97.15	2.98
玉溪	66.17	2778	74.34	40.98	13.01	94.54	3.26
保山	70.36	3926	91.53	41.28	11.86	92.98	2.35

续表

州市	城区人口（万人）	城区人口密度（人/千米^2）	建成区面积（平方千米）	建成区绿化覆盖率（%）	人均公园绿地面积（平方米）	城市污水处理率（%）	空气质量综合指数（微克/米^3）
昭通	97.46	5176	131.24	36.67	10.55	96.58	2.78
丽江	30.29	5110	49.86	36.05	14.60	94.61	1.97
普洱	53.25	3770	77.55	39.68	11.04	94.22	2.86
临沧	58.54	3772	73.20	40.29	9.99	94.57	3.04
楚雄	68.89	3672	106.57	38.34	12.51	95.34	2.73
红河	128.76	5441	162.31	40.22	12.29	94.70	2.82
文山	62.14	3493	101.49	34.26	8.06	89.07	2.69
西双版纳	21.47	1085	50.92	38.29	13.33	88.60	3.33
大理	83.07	3847	121.37	38.11	11.08	95.02	2.22
德宏	33.98	2499	69.17	35.86	11.42	91.45	2.98
怒江	13.91	5241	21.86	23.70	9.98	73.73	3.04
迪庆	11.08	1486	25.92	30.51	10.64	92.74	1.88
全省	1431.07	3039	1934.72	39.03	11.48	95.00	—

第四节 云南省城镇建设状况

一 城镇公共基础设施建设状况

"十三五"期间，在国家大力支持下，云南省以推进县域高速公路"能通全通"工程为重点，加快破除公路交通运输瓶颈。全省公路新增里程5.7万千米，总里程达到29.2万千米；高速公路新增里程5000千米，总里程达9000千米；实现110个县（市、区）通高速公路，普通国道二级以上比例达58.9%，普通省道三级以上比例达51%。"七出省"通道中有6条通道实现高速化，共形成14个高速公路省际出口；"五出境"通道全部实现境内段高速公路贯通，共形成5个高速公路国际出口。全省129个县（市、区）二级以上客运站建成覆盖率达85.6%，乡镇等级客运站覆盖率达88.6%，128个县（市、区）城乡客运一体化水平达到3A级及以上。

经过"十三五"期间的建设，云南省公路交通发展取得显著成效，但对标国内先进水平，发展不充分不平衡的矛盾仍较为突出，主要表现为以下三个方面。一是基础设施供给不充分。规模总量不足，高速公路路网密度仅为东部发达地区的50%左右，尚有19个县未通高速公路；等级结构不尽合理，公路网"大而不强"问题依然存在，二级及以上等级公路比重仅为7.89%，低于全国13.5%的平均水平，四级及以上等级公路比重为93.1%，低于全国95.1%的平均水平。二是路网区域发展不平衡。路网分布"东密西疏"，高等级公路主要分布在滇中滇东地区，滇西和沿边地区高等级公路规模、密度明显落后。滇中区域高速公路对外通道服务能力不足，沿边地区公路成线不成网，滇西旅游公路环线尚未全线贯通，县域间高速公路互联互通水平不高。三是融合发展能力不足。联程运输和多式联运有待加快推进，公路与其他运输方式的融合发展仍需推进，公路交通与邮政、旅游等相关产业一体化水平不高。

除了交通基础设施，沿边地区还需加强以下三个方面的项目建设与投资。第一，边境口岸联检设施建设项目。加强一、二类口岸基础设施建设，亮化国门形象。重点建设完善磨憨、河口、瑞丽、天保、孟定清水河等国家口岸联检楼、国门、查验场设施，重点推动纳入国家口岸规划的原省级二类口岸升级和边境重要通道的基础设施建设，提升口岸和通道通关便利化水平。第二，县城及重点集镇供水工程建设项目。加强边境县城及重点集镇供水基础设施建设，确保生产生活用水。第三，县城垃圾和污水处理工程建设项目。提高边境县（市、区）垃圾和污水处理能力，有效保护环境，提高居民生活环境质量。

二　城镇房地产业发展状况

云南省地理位置特殊，与缅甸、越南、老挝接壤，边境线总长4060千米。随着沿边开发开放的加快推进、兴边富民工程的深入实施，沿边地区生产生活条件不断改善，资源加工、边境旅游、特色农业等特色产业加快发展，经济实力不断增强，现已形成滇缅、滇老和滇越三个国际经济合作圈。云南边境地区有16个民族跨境而居，是与周边国家友好往来最早的区域，拥有国家一类口岸18个、二类口岸7个，是陆路通达印度洋、东南亚腹地及南亚的必经之地，是云南省乃至中国面向南亚、东南亚开放的前沿窗口，交通非常便利，且边境地区小城镇数目众多，房地产市场潜力很大。随着云南边境地区城镇化进程的不断加快，以及第二产业的快速发展，房地产市场得到良好的发展机会。"十三五"期间，边境地区经济快速发展，人民生活水平不断提高，消费能力稳步增强，房地产市场处于快速发展期，住宅潜在需求量巨大。一些楼市投资热点区域，如景洪市、瑞丽市等的房地产市场发展形成以下四个特点：①客户置业需求多样化，细分市场形成；②市场开发量增大，市场竞争激烈；③供需两旺，市场活跃度增加，板块格局形成，地产企业、楼盘同质竞争激烈；④客户群体逐步细分化，市场关注卖点多样化。

三 小城镇形象建设状况

云南省小城镇的城镇形象建设与经济相对发达的省会周边地区相比存在较大的差距。边境地区小城镇形象设计与城镇化问题相联系，应投入较大精力进行城镇形象的定位和塑造。因为城镇形象不仅是城镇各种因素总和的外在表现，也是城镇化能否顺利推进、城镇能否增强对外吸引力的关键。造成这种差距的主要原因在于，历史上少数民族地区社会经济发展长期处于低水平状态，其城镇和城镇体系的发展也处于低水平和不健全状态，城镇基础设施和产业部门都不完善。

云南小城镇形象建设缺乏理论和超前观念的指导，已有的城镇形象建设项目缺乏文化内涵，个性特征不突出。有些人片面认为城镇形象建设就是通过建造外观雄伟的城镇标志性工程，来体现城镇的综合实力和影响力，把城镇形象建设等同于重大的硬件建设，忽视了城镇形象中文化背景与风格等软件建设。对市民的社会文化需求和文化素质提高等方面的关注度不够，没有做到硬件与软件的协调，视觉、行为和理念的统一，进而失去了城镇的"个性"，影响城镇整体形象的构建，没有达到激发城镇形象建设意识和文化潜能，优化城镇形象结构，推动城镇各项事业全面协调发展的目的。

四 影响城镇建设的制约因素

由于云南地理位置特殊，其城镇建设规模和速度受到许多因素的制约，主要包括自然、经济和文化等因素。

（一）自然因素

水在城镇发展中占据着极其重要的地位。云南省水资源的时空分布极不均衡，70%的水资源分布在山区，而主要城市都分布在缺水地区，如个旧市每年缺水约2000万吨，楚雄、玉溪、昭通等城市水资源也很紧张。

交通条件经常受制于地形条件。云南省的平原大都是沉积或冲积地层，具有广袤平坦的地貌景观。由于地势平坦，平原地区便于修建道路等各项基础设施和布局城镇建筑，便于与外界发生联系，劳动力、资源、信息等流动快，为城镇的发展提供了良好的条件。山区丘陵地区由于地质地形条件复杂，难以修建道路等各项基础设施，复杂的地形也不利于建筑的布局。云南地处横断山区，沟壑纵横，对道路修建和城镇布局提出了挑战，提高了城镇建设的难度。

（二）经济因素

城市发展与建设活动会受经济发展规律的影响。在计划经济时代，由于对这一客观规律认识不足，中国整体城市发展与建设水平低下，云南省地处中国西南，城市建设速度更是缓慢。云南很多小城镇不具有真正意义上的城市生活方式，其社会分工和生活方式还具有很强的农业社会痕迹。云南经济发展缺乏集约性和资源共享性，对土地资源的占用十分惊人。城市土地有效、合理地使用与建设单位和开发商追求利益最大化之间存在矛盾，从而导致许多工程虽然已竣工，但是从城市形象角度而言无法令人满意。

（三）文化因素

当地居民文化素质水平不高和观念落后是造成该地区发展困难的关键因素，而城镇文化内涵建设是提高居民文化素

第三章　云南省新型城镇化建设的现状

质的重要手段。云南部分地区在城镇化建设中，片面求大、求洋、求快，追求新建城镇，丧失了城镇原有的文化内涵。未来应该将目光更多地投向城镇新生部分与原有城市空间肌理、文化内涵的有机结合，使城镇成为一个和谐的整体，从而体现城镇文脉在新时期的延续。

第五节　云南省新型城镇化建设中的不足和误区

"十三五"期间，云南省新型城镇化建设实施了基础设施、温饱安居、产业培育、民生保障、城镇建设、素质提高、边境和谐、民族文化、开放窗口、生态保护等工程。2020年，云南公路、能源、通信、口岸、城镇等基础设施建设全面推进；经济与产业结构进一步优化，绿色农业、特色加工、现代物流、跨境旅游、国际贸易等外向型现代产业体系逐步形成；城乡基本公共服务、社会保障制度基本覆盖，居民收入水平、文化素质明显提高；江河流域生态优良，可持续发展能力明显增强；民族团结、社会和谐、边防巩固的良好局面得到进一步强化。然而，云南新型城镇化建设在取得一定成绩的同时，也存在诸多不足与误区。

一　新型城镇化建设中的不足

（一）城镇化程度低，城乡二元结构突出

云南经济发展缓慢，城镇化水平低，基本处于较弱的发展状态。2019年，云南省城镇化率仅为48.91%，远远低于全国城镇化率60%的平均水平；沿边地区城镇化率为38.31%，比全省平均水平低10.60个百分点。

城镇化水平低直接导致云南城乡二元结构明显。首先是城乡居民收入差距很大。2020年全省城镇居民人均可支配收入37500元，农村居民人均可支配收入12842元。其次是城乡经济生产方式不同。县域经济的发展基本实现了工业化，而农村依然是分散的小农生产方式。沿边地区农村贫困人口所占比重大，如何巩固农村贫困人口脱贫成果，实现城乡经济互动，是发展云南沿边地区县域经济急需解决的问题。

（二）产业城镇化动力不足

云南三大产业之间的关联度小，农业生产仍然主要用于自身再生产，农产品的工业附加值低，基于农业而形成的服务业更是少之又少，工业和服务业之间也没有形成较为紧密的联系。在经济发达国家，三大产业结构为"三、二、一"型，服务业占到国民经济的65%以上，农业所占比重不足10%，而云南的三大产业结构仍然是"二、一、三"型，与"三、二、一"型还有较大差距。

房地产业发展潜力巨大，但受到诸多因素制约，仍存在一些不足：房租较高，居住品质偏低；多数项目置业顾问对项目理解不够，专业水平欠缺，服务质量有待提高；景观特色不明显，园林设计较为简单；推广方式缺少亮点，主题思路不明确，无突出优势；建筑风格雷同，同质化现象较为严重；户型设计较为一般，虽然户型多样，但外观粗糙、结构简单，面积大，总价较高，性价比低，专业水平与快速成长的市场需求出现脱节现象。

云南70%以上的人口从事农业生产，分散的小农经济不利于资源的集中使用，它迫使人们把经济要素和资源分散使用，难以形成规模效益和集群效应。人力资源过于集中在土地上，不仅造成了农业人均单位产值的下降，还浪费了人力资源，形成了大量的隐蔽性失业，在一定程度上也限制了劳动力市场的供给。

（三）人口文化素质低，人力资源匮乏

人口文化素质主要是指人们通过国家正规教育和培训所获得的能够适应社会经济发展的各种知识和技能。根据"七普"统计数据，云南省具有大学文化程度的人口比例低于全国15.47%的平均水平，而15岁及以上人口的文盲率高于全国2.67%的平均水平，15岁及以上人口的平均受教育年限低于全国9.91年的平均水平。这表明云南人口整体文化水平低，受教育程度低，劳动力状况不符合市场需求，高素质人力资源的缺乏在很大程度上制约了云南经济的发展。

（四）农民工权益保障不足

云南农民工的劳动技能急需提高，农民工随迁子女的教育问题非常突出，留守儿童多。农民工养老保障水平低于全省平均保障水平，地方财政无力提高农民工的医疗保障水平。农民工难以融入城市生活。农民工的农村权益保护工作还需不断深入。

（五）沿边地区城镇化建设水平不高

沿边地区城镇化建设面临诸多困难，城镇化建设水平不高，主要表现在以下几个方面。一是基础设施建设薄弱，中高等级公路、边境口岸设施、城镇供水工程、垃圾和污水处理工程需重点建设。二是对城镇建筑的民族文化内涵开发不足，缺少相关设计理论的指导。三是城镇居民的生活环境状况不佳，供水不足、人口密度较高、人均公园绿地较少、污水处理能力不足、交通不发达等问题降低了居民的生活质量。

二 新型城镇化建设中的误区

(一) 照搬大城市和发达地区城镇化经验,缺少因地制宜发展战略

云南省部分地区不考虑城镇自身的承载能力,盲目跟随国内大城市和发达地区的城镇化模式,不顾实际情况,缺少因地制宜的城镇化发展战略,从而导致城镇化发展与本地经济社会发展相脱节。

(二) 没有充分发挥内外部市场的作用

云南对内、外开放水平总体不高,来自沿海发达地区的投资以及跨国公司和外商投资不多,特别是来自发达国家的外商直接投资更少,其中来自美国、英国和德国的外商投资占比不足5%。可见,云南对国内外资本、技术、人才等创新要素集聚和配置的能力不强,不利于形成城镇化发展的新动能。边疆地区毗邻国外市场,如何发挥外部市场的资源配置作用还未得到重视。

(三) 对民族文化传承与城镇化建设关系认知存在误区

民族文化的传承不仅可以通过学校教育进行传承,也可以从塑造独具特色的城镇风貌加以传承。香格里拉、西盟、沧源等市县深入挖掘民族文化内涵,着力建设风貌鲜明、亮点突出、人居环境优美的特色城市,走出了一条"人与自然和谐相处、建筑与环境融为一体、传统与现代有机结合"的新型城镇化建设道路。通过加强城市设计,保护历史遗产,彰显民族文化,强化风貌管控,全面实施"适用、经济、绿色、美观"建筑方针,在城镇建设中更好地体现地域特征、民族特色和时代风貌,构建与时代发展相呼应的特色文化、与自然环境相映衬的建筑体系、与地域特征相和谐的空间格局,从而推进民族地区特色风貌城镇建设。

第四章
国内外城镇化建设的经验与启示

城镇化发展是一个全球现象,世界上 200 多个国家和地区,或早或晚,或快或慢,都已经历或正在经历城镇化的发展进程。中国特色城镇化道路的选择,不仅要着重于对自身国情条件的深入研究,也应当立足国际视野,从全球城镇化发展潮流的比较研究中审视中国城镇化发展的动因、特征,进而把握其未来发展趋势。由于云南新型城镇化建设中存在诸多不足和误区,学习借鉴国内外城镇化建设的实践经验,结合省情,才能探索出有效的适合云南发展现状的城镇化建设路径。

第一节 国外城镇化建设的经验

一 美国

从 19 世纪末至 20 世纪 70 年代,随着工业化的迅猛发展和对西部地区的开发,美国城镇化全面迅速推进,城镇化水平在1920年突破50%，1970年达到73.5%。"一战"后，美国的城镇化已见端倪，小汽车的逐步普及使城市开始沿公路蔓延。由于城市的不断扩张，大都市成为美国城镇化发展的主要模式。20世纪70年代以后，美国进入高度城镇化社会，城市经济结构和地域空间发生转换，人口、就业和新的投资开始从北部和东北部的大制造业城市向南部和西南部的城市与乡村转移，大都市增速减缓。1990年，美国城镇化水平达到75.22%。

然而，美国政治体制的特点决定了联邦政府的调控职能较弱，城镇化发展缺乏全国性的总体规划和政府调控引导，任由城镇建设按照市场需求推进，造成城市不断向外低密度蔓延，城镇建设无序，空间和社会结构性问题日益突出。美国大城市不断向郊区低密度蔓延，其自由放任式的城镇化发展伴随着大量的自然资源消耗，造成土地资源严重浪费和经济成本增高。尤其是"二战"后，一方面大城市人口不断增加、集聚；另一方面大城市内部人口不断向郊区和城市外围迁移，贫穷的城市郊区围绕着相对富裕的城市中心区成为美国城市的一大特征。

20世纪90年代以来，美国的政府官员、学者和普通百姓都开始意识到过度郊区化所带来的危害，提出了"精明增长"的理念。其主要内容包括强调土地利用的紧凑模式，鼓励以公共交通和步行交通为主的开发模式，混合用地功能，保护开放空间和创造舒适的环境，鼓励公众参与，通过限制、保护和协调，实现经济、环境和社会的和谐发展。这是对美国长期以来完全市场经济条件下城市向郊区低密度无序蔓延所带来的社会和环境问题的反馈，是以可持续发展为价值取向，以科学管理为手段，有可操作性的管理理念和管理模式。同时，各州政府更加强调城市规划的作用，有45个州成立了州规划和政策发展办公室，有的州还将这一机构作为"内阁"层次的部门。政府划定"城市拓展界限"，采取行政和经济手段，抑制郊区化的发展速度。在操作层面则通过公共投资来引导土地开发和直接对土地开发进行控制。

美国早期的城镇化建设路径依据市场经济自由发展，大都市化成为城镇化的主要模式。随着自由放任的城镇化带来土地资源的巨大浪费和建设成本的上升，美国开始重视城市规划，明确划定城市的扩展边界，这成为美国政府城镇化的建设理念。对于欠发达地区的城镇化建设，美国的经验有以下几个方面值得借鉴。

（一）强化城镇化政策抉择，实现欠发达地区经济发展新突破

在城镇化和工业化协调驱动下，美国进入了经济快速发展时期，其遵循城镇化内生发展的规律，在现有的约束条件下循序渐进、因地制宜且顺势而为地推进城镇化。尤其对于中部欠发达的州而言，美国政府为其量身定制了城镇化的发展战略，保障其不落后于全国经济平均水平。

（二）强化城市群主体形态，构建立体城镇体系

美国构建了四大城镇体系，即东部的波士顿城市群、中部的"芝加哥—匹兹堡"城市群、西部的"旧金山—洛杉矶"城市群以及南部的"达拉斯—休斯敦"城市群。此四大城市群在全国形成了辐射性较远、带动性较强的城镇力量，有力支撑了经济的快速发展。欠发达地区也受到四大城镇体系的推动。

第四章 国内外城镇化建设的经验与启示

（三）强化城镇化、工业化、信息化和农业现代化的协同发展，增强经济增长向心力

从美国城镇化的发展经验来看，其并没有采取单一战略，而是注重城镇化、工业化、信息化和农业现代化间的协同发展。工业化的发展带来了技术和人口的聚集，使第一产业的人口持续向第二、第三产业转移，为城镇化的快速发展营造了良好的外部环境。高度发达的信息产业支撑了相关产业不断聚集，使得人口总量不断扩大，形成"虹吸效应"，推动城镇化量和质同时发展。高度发达的农业现代化技术使得"过剩"的农业人口向城镇不断集中，在促进农业现代化的同时，推动了城镇化的快速发展。

（四）推动生产要素自由流动，开拓城镇化更大增长空间

美国人口可以在全国范围内自由流动和迁徙，相关公共服务可以全国共享。自由的土地制度为城镇化的加速推进扫除了障碍并开拓了经济增长空间。同时，美国拥有完善的知识产权体系并积累了丰富的经验，保障了技术进步和研究人员的收益，为城镇化的加速推进奠定了坚实基础。

（五）强化城镇化政策协调，实现可持续发展

美国在城镇化过程中，非常强调"人的城镇化"和"土地城镇化"政策间的协调。一方面，各级政府充分保障人在城镇化中的主体地位，充分给予权益，并建立以市场为导向的"内生式"城镇化模式。另一方面，美国也重视通过变革土地生产关系和提高土地利用率等方式，促进城镇化"由点到线"和"由线到面"的立体化发展。在推进城镇化过程中，美国特别重视财政、货币、产业、区域和社会政策的协调，并兼顾体制、机制和法律三者间的关系，为各州的城镇化可持续发展营造良好的外部环境。

二 德国

德国的工业革命比英国和法国晚了相当长一段时间,但是德国的工业化速度很迅猛,整个工业化进程只用了50年的时间。在这样的发展背景下,德国整体的城镇化进程虽起步比较晚,但是发展非常迅速。19世纪40年代到19世纪90年代早期是德国城镇化的初步发展阶段。农业在德国经济体系中占据重要地位,德国多数人口为农民,当时,德国城市的数量较少,规模也比较小。工业化自19世纪40年代开始在德国起步,对应的城镇化也在德国逐步开启。接下来是人口迅速转移至城市,无论是在规模还是在数量上,城市都开始蓬勃发展起来,功能也更为健全和多样化。19世纪90年代到20世纪初是德国城镇化的加速发展阶段,德国国民生产总值中将近90%是由工业及服务业贡献的。

从20世纪中期开始,联邦德国进入了高度城镇化阶段。"二战"后,联邦德国经济逐步恢复,迅速实现经济的繁荣,同时实现了高度城镇化,城镇化水平从1950年的64.7%提高到2005年的73.4%。德国的城镇化发展道路由集中转为分散,城市文明也扩散化地向前发展,大城市在发展上趋缓,小城市则蓬勃兴起。伴随大城市的缓慢前行,中小城市的崛起日益明显且快速,这就进一步缩小了城乡差距和地区差距,再加上交通的快速发展、信息科技的广泛应用,原本大城市占据的众多发展优势已经不复存在。无论是在收入上,还是在对现代生活的享受上,大城市与小城镇之间的差别日益缩小。相反,大城市因为人口过于集中,环境污染严重,交通非常拥挤,物价及房价都明显高于小城市,对劳动力和企业的吸引力明显下降,而中小城镇的竞争力得到很好的显现,发展得更为迅速。

20世纪90年代初期德国统一后,东西部经济发展水平的不对称使大量人口西迁,不少地区人口结构发生改变,区域政策急需调整。1989年,欧共体(欧盟前身)拟定"社区倡议计划",将乡村自然与人文关怀正式提上议程,其中包括四大措施以及著名的"农村经济发展行动联盟"计划。1991年以来,德国数百个乡镇纷纷借助这一项目的经费,推出多种类型的发展项目。仅德国巴伐利亚州就有多达58个乡镇参与了2007年到2013年的第四期计划。在优势项目的选择上,这种发展模式充分发挥了每个乡镇的自主权,有利于因地制宜,充分调动地方的积极性。乡镇经济的发展带来了更多的本地就业机会,大大减少了城市的压力。据2004年的统计,德国有82个10万以上人口的行政区,生活着2530万人,占总人口的30%,其余的则多数生活在2000人到10000人的小型城镇里。德国城镇化已形成鲜明的总体特征:城市规模小、数量多、分布均衡。无论是人口、资源、企业工厂还是行政服务部门都分布均匀,11个大都市圈遍布全国,中小型城市星罗棋布。此外,德国政府还推出了不少鼓励乡镇发展的计划。例如,2001年启动的"联邦生态农业计划",专门促进德国形成生态产品产业链。自1961年开始,每三年举行一届的德国"三好村"评选活动,也在推动人们建设环境优美、基础设施好、民众积极参与的乡镇。

综上可看出,德国城镇化建设的基本经验是通过交通建设和信息技术的应用,使大城市和中小城市间的差距缩小,使城市资源趋于均匀分布,同时大力发展中小城镇,推动农村经济发展,缩小城乡差距。

三 法国

法国的城镇化历程可以分为三个阶段。第一阶段是从法国大革命到第二次世界大战结束的城镇化水平缓慢提高阶段。19世纪初，法国城市人口比例从1806年的17.3%提高到1906年的42.5%，城镇化水平年均提高0.25个百分点。1931年，法国城镇化水平首次达到50.8%，基本实现了城镇化。又经过15年的发展，法国城镇化水平到1946年达到53.2%，年均提高0.16个百分点。第二阶段是从第二次世界大战后到20世纪60年代末期的城镇化加速阶段。从1946年到1968年的22年间，法国城镇化水平年均提高0.82个百分点。若从基本摆脱战争影响的1954年开始计算，到1968年的14年中，其城镇化速度年均提高1.1个百分点。尤其是20世纪60年代实行土地改革后，年度城镇化水平甚至达到2%的高增长速度。在整整历经150年后，法国城镇化才真正进入加速阶段，并发展成为高度城镇化的国家。第三阶段是从20世纪70年代进入高度城镇化国家后的调整完善阶段。

到20世纪30年代初，该国大多数人口已经居住在城市，1999年城市人口更是占总人口的75.5%。不过，城镇化在这里被打上了深深的"法国烙印"。两次世界大战使法国的农业受到严重打击。"二战"以后，法国政府把农业装备现代化作为发展的原动力，将农业装备现代化摆在了极其重要的位置。政府向国外借款，利用价格补贴和国家担保为农户提供长期低息贷款，同时农民购买农业机械还可以享受价格补贴。在逐步实现农业装备的现代化和规模化之后，一

第四章 国内外城镇化建设的经验与启示

个人耕作百余公顷农田的例子屡见不鲜，剩余农业人口为城市提供了大量劳动力。法国于 1970 年基本实现农业机械化，20 世纪 80 年代进入农业现代化。随着法国农业现代化的加速、城镇化的发展和农业人口的下降，现代化的农场在法国随处可见。同时，政府不失时机地提出了"专业化"的概念，通过合理的规划和布局，形成了专门的农作物产区。法国农民的产品销售渠道也十分畅通，既可以通过合作社组织，也可以通过网上销售。从政府到各种农业组织都设置了网站，方便农民的生产和销售，也为农民的信息交流提供了平台。而对于农业生产中不可避免的各种灾害，法国又建立了异常发达的农业保险业来进行保障。

20 世纪 50 年代中期，法国政府出台了一系列措施，推动土地集中实现规模经营。为了转移农村剩余劳动力，法国政府实行了"减"的办法：对于 55 岁以上的农民，国家负责供养，一次性发放"终身补贴"；鼓励年轻人离开农村，到企业做工；对于青壮年劳力，由政府出钱培训之后再务农。而与减少农业人口的做法相反，对农地经营规模，政府采用的是"加"法：规定农场主的合法继承人只有一个，防止土地进一步分散；推出税收优惠政策，鼓励父子农场、兄弟农场以土地入股，开展联合经营。各级政府还组建了土地整治公司，这是一种非营利组织，它们拥有土地优先购买权，将买进的插花地、低产地块集中连片，整治成标准农场，然后再低价保本出售。另外，国家还给大农场提供低息贷款，对农民自发的土地合并行为减免税费，促使农场扩大规模。1955 年，法国 10 公顷以下的农场有 127 万个。20 年后，10 公顷以下的农场减少到 53 万个，50 公顷以上的大农场增加了 4 万多个。农业劳动力在总人口中的比重，20 世纪

50年代初近40%，现在只有2.2%。但农业现代化是一个动态的过程，法国的农业现代化还在继续，现在已经进入"合理发展"的新阶段，国家正在鼓励农民寻找和实践有利于保护环境、有利于可持续发展的新型农业发展模式。

法国在城镇化的过程中，时刻都将人的生存空间放在重要的位置，这使得城市充满了人文气息。19世纪末，人们开始在离城市较近的地方修建工厂，吸引了众多外省和农村人口，形成了一片新的聚集区，即城市的郊区。在城市规模扩大、城镇化程度提升的同时，政府根据不同城市的实际情况进行规划性建设，对老城区以及历史建筑给予立法保护。正是这种长远眼光和精心规划，使这些小城的原貌得以保留，每一座城市都足以构成一幅风景画。从南到北、从东到西，法国各地除了风景风俗有所不同外，经济发展上的差距并不大。高速列车和飞机让人们的出行变得非常便利，也使得人们安居故土，不愿迁移。

法国的城市发展并非只体现在硬件设施的建设上，更重要的是注重培育城市文化品牌，提升城市生活品质和竞争力。法国许多城市精心培育各类艺术节和电影节，形成城市文化特色和品牌效应。如安纳西国际动画电影节、戛纳国际电影节等，这些特色文化活动都已有超过半个世纪的历史，经过长期不懈的努力，它们已成为国际知名度很高的文化品牌，其文化影响力大大推进了本地区的城镇化进程。戛纳位于法国东南部，面积不到20平方千米，人口仅7.1万，昔日只是一个名不见经传的小渔村。在某种意义上来说，是电影节成就了戛纳今日的辉煌。戛纳国际电影节于1946年举办首届，如今已成为世界上最大和最重要的电影节之一。戛纳国际电影节每年至少吸引6万名电影界专业人士和20万名游客，所创造的直接经济价值达2亿欧元，间接经济价值达7亿欧元。每年有4000多部影片在此交易，销售额达10亿美元。电影节的举办为这座小城增加了就业机会。正是在电影节的带动下，戛纳逐渐形成了以商业展销为主体、以吸引游客为目的的经济模式，拉动了餐饮业、旅游业等的发展。

除了建设城市文化外，保持地域文化特色和注重传统文化的传承是法国城镇化进程中的另一特点，如"香水王国"格拉斯、"香槟之都"兰斯、"葡萄酒圣地"第戎和波尔多等许多城镇的发展都具有鲜明的地域传统文化特色。其中，波尔多在城市建设中充分发挥自身所拥有的乡村田园文化和葡萄酒文化优势，带动了当地的经济发展，形成了自己的特色发展之路。

法国近年来在城镇化建设可持续发展方面逐步打造出一些生态样板社区。"生态社区"的概念源于法国政府2008年提出的"可持续发展城市计划"，目的是提高居民生活质量，适应未来环境保护需求和能源对城市建设的挑战，满足居民对改善住房条件的要求，同时保证对现有资源与景色的保护。"可持续发展城市计划"的核心是以新的环保理念设计、建造和经营一座城市。该计划除法国政府向全社会发起的"生态社区"设计竞赛、"生态城市计划"和"公共运输计划"三项具体倡议外，还有一项内容是"城市中的大自然"，让广大民众参与设计和提出建议。该计划无论是设计理念还是生产、建设方式都日趋成熟，为法国城镇化生态建设与改造提供了标准，也为法国对外开展经济合作和推销环保生活理念打造了新的品牌。从2009年到2011年，法国共有500多座城镇响应政府号召参与该计划，全法各地涌现了许多具有不同特点的样板"生态社区"。2011年，法国在建的 6.6 万套社会住房和近 20 万套商品住房项目都按照"生态社区"的环保标准进行施工。

法国的城镇化建设经验可以归纳为四条：一是通过农业现代化转移农村剩余劳动力实现人口城镇化；二是对新旧城区进行精心规划，吸引人口到郊区就业实现空间城镇化；三是通过城市文化品牌培育以及特色文化传承实现产业城镇化；四是通过生态社区模式实现城镇化建设的可持续发展。

四 日本

相对于欧美国家，东亚国家政府对于城镇化的引导和调控力度更大，日本、韩国的城镇化是典型的政府主导市场推进的城镇化模式。日本是"二战"后首个实现工业化的亚洲国家，其独特的城镇化模式以及城镇化的建设经验受到国际社会的广泛关注。在 20 世纪 50 年代至 70 年代中期，随着工业迅速发展，日本在政府主导下走出一条集中型城镇化道路。欧美等发达国家初步完成城镇化的进程用了 100 多年，然而，战后的日本仅用了 30 年左右的时间，就使城镇化率从 1950 年的 53.4% 上升到 1976 年的 76.0%。2011 年，日本的城镇化率已达到 91.3%，远远超出东亚地区 55.6% 的平均水平。

日本在资源较为匮乏的情况下，实现了以大城市为核心的空间集聚发展，使得资源得以集约利用，进一步加快了工业化进程，支撑了其战后一个时期的经济高速增长。由于国土资源有限，日本采取的是政府主导下的高度集中的城镇化发展战略。1950～1970 年，日本城镇化率由 53.4% 上升到 70.0%，东京、大阪和名古屋三大都市圈人口在总人口中的比重由 30.0% 提高到 47.0%。1950～2010 年，日本城镇化率由53.4%上升到90.5%，50万人以上特大城市人口占城市人口的比重从25.7%上升到42.2%，其中，特大城市带动大都市圈发展的驱动效果显著。在资金、人力资源的大量转移和注入下，东京、大阪等大都市圈得到大规模、系统化发展，城乡发展不均衡问题开始显现。为缓解大都市圈的过度集聚带来的发展失衡问题，日本政府自20世纪60年代起，共制定了五次全国综合开发规划（1962~1970年，1969~1985年，1977~1987年，1987~2000年，1998~2010年）和一系列法律法规，同时编制了三大都市圈发展规划。

重视和大力支持农业以缩小城乡差距，是日本实现快速城镇化的关键。自1960年开始，为了适应新的发展需求，日本摒弃了最初的农业保护政策，实现了向合理主义农政的转化。在此期间首要的农业政策任务是调整农业结构以及大力推进农业现代化发展，因此日本政府颁布了一系列促进农业现代化的法律法规。其主要内容涵盖奶牛养殖业、水果和蔬菜种植业以及农地所有权问题。农政基本法的实施，加速提高了日本的农业生产率，但是农村劳动力大量短缺、农村耕地荒芜以及农业产业结构调整速度缓慢等问题日益凸显。同时，农村人口老龄化速度呈加快趋势，农村过疏化问题也亟待解决。基于此，日本政府以"综合农政"为基础，颁布并实施了旨在解决"三农"问题的一系列法律法规。其主要措施在于在农村区域引进工业，从深层次促进农村工业化、城镇化和农业现代化的协调发展。日本政府充分利用工业化和城镇化快速发展的有利契机，加大了对农业基础领域的资金投入，包括农业基础设施建设、基本农田水利建设、农业协作经营组织培育以及农村综合项目建设，极大地促进了"三化"同步发展。

按照人口与国土比率计算,日本的人口密度约为中国的3倍,且多山地、少平原。但在这种国情下,日本还能够实现城乡共同发展,确保水稻完全自给和蔬菜大部分自给,这与日本较为成功的城镇化密切相关。着力提高农民收入是推进城镇化的基础。为增加农民收入,日本采用各种措施,将农产品的价格维持在高位,再加上户均耕地相对较多,农户在销售农产品时获得了较多的基本收入。日本农村居民的精神生活也相当丰富。地方社区往往会有艺术、读书等各类社团,当地企业也会不时地举办各类群体活动,例如传统节庆时的彩车游行、焰火表演等。城乡一体化的建设思路,使得人民在日本农村地区生活也可享受到城市生活的便利。如神奈川县,这个小城市道路条件良好,水、电、暖系统完善,医疗、教育、文化和商业服务一应俱全,还有设施良好的博物馆和图书馆。居民每天乘坐电车来往于东京中心的永田町,单程不足一小时,生活很舒适。

在战后经济高速发展时期,日本大量农民脱离土地,有些企业甚至采用"集团就职"的方式,到地方农村中学整班招收毕业生进城务工。日本政府一方面为新进城农民提供与城市居民相同的社会保障和市民身份,另一方面要求企业对劳动者进行长期雇用,鼓励其采用近乎"终身雇用"的方式,确保农民在进城后不会因失业陷入困境。这在很大程度上避免了农民失地后再失业的后果,避免了城市流民阶层的出现。在城镇化过程中,日本重视城乡总体布局,力图避免"贫民区"的出现。在经济高速发展时期,日本也有过大城市人口迅速增加的阶段,1955~1970年,东京每年的人口净流入量达到30万~40万人。但东京没有单纯"摊大饼"式地被动外延,而是以放射状大容量轨道交通为依托,主动沿

第四章 国内外城镇化建设的经验与启示

轨道交通站点（多为过去的小城镇）建设居民区，并为之提供高标准的生活服务、社会文化和治安配套。很多在东京工作的居民在距东京市中心数十千米的神奈川县、千叶县和埼玉县等地居住。

日本欠发达地区城镇化建设经验归纳如下。

第一，推进大都市圈城镇化模式，最大限度辐射欠发达地区。大都市圈空间集聚模式有力支撑了日本的工业化发展。日本已经有较为成熟的东京、大阪和名古屋三大都市圈，并在产业和人口两方面产生了辐射集聚效应，再加上新干线、总部经济和金融服务等元素，给周边欠发达地区带来了良好的"外溢效应"。特别是在拉动欠发达地区的内需方面，大都市圈各大城市发挥了重要作用。

第二，推进城乡紧密结合，构建一体化城镇网络。为了避免城乡二元结构现象，日本特别重视城乡一体化发展，无论是大都市圈还是欠发达地区的居民都平等享有一致的政治经济待遇。各级政府努力消除生产要素在城乡间自由流动的门槛和障碍，鼓励资源自由流动，建立了完整的土地流转制度，鼓励城乡人口融合，激励城市人口向农村转移和投资。

第三，推进政府和市场良性互动。在城镇化进程中，政府应用成熟的产业诱导政策鼓励相关优势资源流向政府调控的领域。政府和企业间建立"同盟"和"保护与被保护"的关系，政府对城镇化过程中企业面临的融资、人才和法律问题给予一定的指导与帮助。

第四，推进生态与发展并重。日本在城镇化过程中，特别重视绿色发展。2006年的《新国家能源战略》明确提出了城镇化进程中推进低碳发展的"四大战略"和"四大计划"。2008年出台的《面向2050年日本低碳社会情景的12

大行动》，涉及工业、交通和住宅等多个部门，有力支撑了日本城镇化的健康发展。

第二节 中国东部沿海地区新型城镇化建设的经验

一 苏南地区

在东部地区城镇化的快速发展中，苏南地区成为耀眼的新星。以城镇化带动乡镇经济发展是苏南地区六市县的共同特点。该地区在率先基本实现现代化的进程中，积极实施可持续发展战略，坚持走资源集约利用的新型工业化道路，打造出了"新苏南模式"。"村村点火、户户冒烟"办工业的时代已经画上句号，集约发展的后工业化时代已经到来。特别是昆山的"外资高地"、江阴的"上市板块"等新的经济形态出现，使"新苏南模式"格外吸引眼球。在2006年全国百强县中，江苏占了22席，全国前十位中江苏占了6席。所谓"新苏南模式"，是相对昔日苏南地区以"村村点火、户户冒烟"为主的发展模式，即"旧苏南模式"而言的。苏南的强势发展得益于其快速推进的城镇化、工业化。为在市场竞争中赢得主动、抢得先机、求得突破，苏南地区从实际出发，进一步发挥优势，增创特色，找准其在区域经济发展中的定位，坚持工业立市，依靠技术创新和体制创新，在调整中加快发展，在发展中加快调整，着力构筑新的发展优势，全面提升区域经济发展的整体水平和竞争能力。

通过分析不同地区城镇化现状，我们不难发现，发展速度较快的地方，其产业升级和技术创新的速度也较快，并且对城镇化起到明显的支撑和促进作用。"新苏南模式"的出现就有力地验证了这一道理。在苏南六市县中，昆山市通过引进外资和技术，已初步形成IT产业、精细化工、交通运输设备等优势产业群；江阴市的国有经济、集体经济通过资本运作的手段，一改小商品产业链的经营面貌，形成了以纺织、金属加工、化工为主的产业结构。面对朝夕万变的科技发展形式，在全球化经济的竞争格局中，企业强化经营转换的意识与能力，加大开发研究费用投入力度和技术进步步伐，已成为这些地区提高参与市场竞争综合能力的核心因素。苏南六市县强烈认识到，在全面建成小康社会基础上加快城镇化，率先实现现代化，必须走技术创新、资源节约、环境友好的可持续发展之路，必须注重资源的集约利用。小桥流水，湖光山色；锦绣江南，美丽家园。如今，苏南地区在推进城镇化进程中，正在构建理想的家园。它们在发展中坚持的"三集中一调整"战略，即城市工业项目向开发区集中、乡镇企业向工业园区集中、农民住宅向小城镇和中心村集中、优化调整城镇土地结构和布局，取得了卓越的成效。江阴市在城镇化建设中，确立了"工作在园区、居住在镇区、生活在社区"的现代农村新模式。该市已有6个镇逐步将农民集中到城镇居住，率先建成"无村镇"。其中，新桥镇在1999年就开始实施这一方案，节约土地2925亩。江阴市石庄村区划调整前是一个镇，被撤并后，镇区旧址被定位为中心村，江阴市将两万名征地拆迁农民整体搬迁到该村，统一建设农民公寓，实行社区化管理，改善了农民生活条件，提高了土地利用率。江阴市经济开发区以及沿江镇都采用公寓方式安置拆迁农民，仅此一项，全市就少占耕地2500

多亩。

从苏南的发展态势看，以小城镇为中介的城乡连接与发展，已呈现一种城乡一体化趋势。它以大中城市为中心，以小城镇为纽带，连接广袤乡村，形成城乡网络，将城市社会与农村社会逐步连成一体，将两者各类经济社会要素优化组合，以实现优势互补、协调发展，由城乡工业一体化扩展到城乡流通一体化和城乡文明一体化。尽管目前这种一体化趋势尚处于初始阶段，层次和水平还有待提高，但它却是一个良好的开端。

二 苏州

苏州城镇化自改革开放后，先后经历了乡镇企业造镇阶段（以就地城镇化、数量城镇化为主要特征）、开发区造城阶段（以区域城镇化、质量城镇化为主要特征）、网络型城市群发展阶段（以城乡一体化、城镇现代化为主要特征），目前正在向以提升城市品质和功能为核心的所谓内涵式城镇化转变，城镇化率已达73.15%。

总体上讲，苏州的城镇化是以经济发展为主导的城镇化，它的主要特征就是人口城镇化和土地城镇化。但随着城镇化的发展，基于城乡二元结构的体制性问题不断凸显和尖锐起来。第一，外来人口不断涌入城市，在一些地方如昆山、太仓、张家港等，外来人口甚至超过户籍人口，这给城市发展带来越来越大的挑战。一方面，这些外来人口给城市的教育、医疗、卫生、社保等资源分配带来直接的压力；另一方面，由于户籍制度等原因，外来人口不能真正融入城市，给城市管理和服务带来层出不穷的问题，比如治安问题、环境问题、就业问题、管理问题等。第二，由于旧的城市制度失去了公平吸纳外部力量的能力，外来人口出现了"非组织化"趋向。比如，原有城市制度的功能设计主要针对户籍人口，面对外来人口的涌入，它的组织形式、制度体制已经不能容纳这些新的城市元素，导致城市形成新的二元结构和非组织化现象。第三，非制度化社会冲突增加。不断涌入城市的外来人口大都属于权利不平等的身份群体，即基于户籍制度形成的社会身份群体，结果是，一方面，对城市市民开放的制度化的利益表达，主要集聚在制度的中心部分；另一方面，在它的外围部分，广泛存在分散的不能进入体制的外来人口，而这些集聚在外围部分的社会不满情绪并没有组织化渠道进入体制，导致体制外社会力量的分散抗议行动给城市秩序带来越来越大的挑战和压力。

面对上述结构分化带来的问题与挑战，近些年来，苏州各级政府以户籍制度改革为切入点，不断尝试进行制度建设和社会建设方面的创新与探索，主要表现在如下方面。

第一，小城镇户籍制度改革。以张家港市的户籍制度改革为例。1997年，张家港市在妙桥、塘桥、港区三个镇进行户籍制度改革试点，改革的目标是允许已经在小城镇就业、居住并符合一定条件的农村人口在小城镇办理常住户口。张家港市于1999年将试点范围扩大到9个镇，并于2000年在全市全面推开，以居住地划分城镇户口和农村户口的户籍登记制度逐步建立起来。截至2003年6月，小城镇户改结束，共有152171人申请，批准落户145970人。第二，破除城乡户籍管理二元结构。2003年，张家港市出台了《张家港市户籍准入登记暂行办法》，取消了农业户口和非农业户口划分方式，全面建立以居住地登记户口为基本形式、以合法固定住所和稳定职业（生活来源）为户口准入条件的户籍管理制度。该办法规定，本市居民在本市范围内办理城镇与农村之间的户口迁移，只需提供合法固定住所证件。第三，城乡一体化改革。2011年，苏州在全市范围内实施《苏州市户籍居民城乡一体化户口迁移管理规定》，对全市范围内户籍居民特别是农村居民户口迁移政策进一步放宽，明确只要是在城镇就业并在城镇拥有合法固定住所的农户、动迁安置在城镇和开发区的农户、实行"三置换"进城进镇的农户、城中村和失地的农户、符合城乡一体化规范要求的新农村建设的农户、其他具有进城进镇愿望的农户都可迁移户口。

此外，张家港市还推进"外来人口积分管理"户籍制度改革，外来人口根据规定量化评分后的积分达到市当年规定分值并符合条件的，可为其在本市入园、入学的未成年子女申请参加居民基本医疗保险，可为其符合入学条件的未成年子女申请入读本市公办幼儿园和义务教育阶段公办学校。政府根据经济社会发展和公共资源配置情况，依据外来人口积分管理相关规定，每年公布入户、入学、医保指标，排名在指标数内的外来人口可按规定享受入户、入居民基本医疗保险和子女入公办学校（幼儿园）就学等相关待遇。积分管理政策规定，外来人口达到标准分值即可入户，并给予一年的考虑期，考虑期不影响其享受教育和医疗待遇，无房也可落户（虚拟户口，挂靠在该街道办事处所在地的社区），这是改革现行户籍制度的一项创新。积分管理政策丰富了公共服务的内涵，把流动人口最为关注的内容列入同城待遇，将户籍与市民待遇逐步剥离，缩小了外来人口与本地居民在医疗卫生、社会保障、子女教育等基本公共服务方面的差距，逐步消除了户籍利益的差异性。

第四章 国内外城镇化建设的经验与启示

事实上，这些改革措施能在推动人口城镇化和土地城镇化的过程中，服务于地方经济发展和财政增长。但这样的改革并不彻底，只是政府面对城乡结构变化（比如城乡人口结构的变化、社会矛盾和冲突的增加、分配公平与分配正义问题的突出），而不得不采取的局部性措施而已。局部的而不是系统的改革必然会带来新的问题。

第一，城市有限的公共资源难以承载所谓"宽松"的户改政策。以张家港市为例，2014年该市户籍人口有91万余人，流动人口登记在册数为71万余人，两者之和为162万余人。以入学为例，流动人口子女中每年进入公办学校的近8000人，积分管理政策实施以来，有近3万人入读公办学校，按照每个学校2000人的规模，就要兴建15所学校，按照每个学校1.5亿元的政府基建投资，就要近22.5亿元（不包括教师工资、福利等）。越来越多流动人口的涌入，导致该市教育、住房、医疗、劳动就业保障等社会基本公共服务负担越来越重。

第二，人户分离现象出现并趋向严重。2012年以来，张家港市推进农民集中居住政策，目前已经实现了农业人口向城镇转移。但是受经济利益等因素的影响，绝大部分动迁居民不愿将户口迁至实际居住的安置小区。此外，一部分原来已经在城镇落户居住的人口，为了享受农村的相关待遇，纷纷将户口"回迁"至农村。这部分"人户分离"人员数量庞大，虽然实际都居住在城镇社区，但从户籍上来看，这些人员仍属于农村人口。人户分离的根本原因，在于农村二次分配、征地补偿等待遇仍然与户口捆绑在一起。也就是说，人户分离的原因仍然是一个体制性制度性问题。

第三，依附在户口上的政策剥离不彻底。实际上，江苏省自 2003 年 7 月 1 日起，就率先在全省范围内取消了农业户口和非农户口的区别。但是，相关政府部门的配套制度没有跟上，以及国内其他省份仍存在农业户口和非农业户口性质的差异，导致这一"率先的改革举措"没有落实到位。以张家港市为例，如申请经济适用房，市区户口才能申请；发生在本省的交通事故，户籍不在本省的，农业户口和非农户口的赔偿标准不一样。

实质上，上述问题产生的根源在于当地政府没有把与城镇化密切相关的制度改革和社会改革一起推动，使得改革措施只是城镇化的"制度副产品"。城镇化是一个整体的制度建设和社会建设问题。反过来说，如果二者不能协调推进，那么一个领域或某项制度的改革就不会有什么成效；如果相关政策体系不变，那么任何单项制度改革都难有建树。以户籍改革为例，要落实这项改革就需要各部门适当调整政策。一是剥离附加在居民户口上的医疗社保、教育、就业等内容，恢复户籍应当承担的居民户口登记和身份识别功能。二是进一步加快同城化待遇步伐。进一步完善积分管理制度，加大公共服务供给力度，为外来人口提供政策和物质保障。三是建立部门衔接制度。户籍制度改革是一项综合性工作，不是简单地变更户口登记，而是涉及就业、住房、养老、医疗、教育等诸多职能部门的协同改革。因此，只有各个职能部门积极联动，才能使"户改"政策更具针对性和实质意义。但现实的问题是，一方面，从地方政府角度看，城镇化制度改革没有被置于统筹城乡发展与城乡一体化的发展战略上；另一方面，政府部门利益阻碍了相关制度改革的步伐，致使城镇化制度改革在遇到部门利益时不能突破旧体制的框架而陷入部门之间的利益博弈之中。

三　温州

温州作为全国市场经济改革的先行者、全国民营经济最发达的地区之一，在工业化、城镇化、市场化方面为我们提供了有益的经验，这就是以市场化带动农村工业化、城镇化，发展以专业市场为基础的专业镇。温州城镇化道路是浙江省城镇化道路的缩影。如果说广东省的城镇化主要建立在发展外源性经济的基础上，那么，浙江省的城镇化则建立在内源性经济发展的基础上，两省经济发展水平因此存在明显差别。无论是人均 GDP 还是城镇居民人均可支配收入、农村居民人均纯收入，以外源性经济为主的广东省都明显落在浙江省的后面。以 2020 年为例，浙江省的人均 GDP 为 100620 元，广东省为 88210 元；城镇居民人均可支配收入，浙江省为 62699 元，广东省为 50257 元；农村居民人均纯收入，浙江省为 31931 元，广东省为 20143 元。"十三五"期间，浙江省农村居民人均纯收入连续 5 年名列全国各省区市第 2 位，仅次于上海市；城镇居民人均可支配收入连续 5 年名列全国各省区市第 3 位，仅次于北京市和上海市。

（一）温州城镇化模式

曾经有人把温州模式概括为"以家庭工业为基础，以市场化为导向，以购销员队伍为骨干，以小城镇为依托，以一乡一业一村一品为特色"。也有人认为，温州模式可概括为"市场解决模式"和"自发自生的发展模式"。温州是中国农村市场经济发育较早、较为成熟的地区，也是民营经济最发达的地方之一，在市场化的推动下，其农村工业化、城镇化走在全国的前列。改革开放 40 多年来，温州的小城镇建设之所以取得令人瞩目的成就，关键在于其创造了有利于城镇发展的新机制。这就是凭借城镇的功能优势，依靠市场化运作机制，引导进城企业投资公用基础设施，实现了企业发展和城镇发展的统一。与此相联系，温州还超前实行户籍制度、土地使用制度和投资制度等一系列配套改革，从而开辟了富有温州特色的城镇化道路。

改革开放40多年来，温州农村发生了一系列深刻的变化。其中最为重要的变化，就是农村工业化、城镇化步伐明显加快，小城镇呈现蓬勃发展的局面。全市建制镇从1978年的18个发展到2020年的92个。建制镇人口占全市总人口的6.5%，集镇工业产值占全市工业总产值的80%以上。全市已形成以柳市镇、龙港镇①等30个经济强镇为龙头骨干的城镇化群体。随着工业化、城镇化步伐的加快，温州农村产业结构发生根本性的变化，农业总产值在社会总产值中的比重由1978年的42.2%下降到2020年的2.3%，而非农产业产值在社会总产值中的比重由1978年的57.8%上升到2020年的97.7%。2020年农民人均可支配收入为32428元，比1978年的113元增长了286倍。在农民收入增长结构中，非农产业收入在农民人均纯收入中的比重由1985年的45.5%上升到2020年的75.9%。

温州农村经济快速发展的实践经验表明，农村工业化、城镇化，是农村经济发展的强大动力源。农业比较利益低，是农业落后于非农业、农村落后于城市的根本原因。要改变农村经济的落后面貌，就必须推进农村工业化，而农村工业

---

① 龙港镇于2019年9月设立为县级龙港市，为行文统一，统一使用龙港镇。

化的可持续发展又必须以城镇为载体。因为乡镇工业向小城镇集中，是由乡镇工业的性质和特点以及小城镇的功能决定的。乡镇工业同其他工业一样，其发展要具备现代工业发展的基本条件，诸如要有足够的劳动力和相应的资金、技术等，要有符合工业生产发展要求的厂房、机器设备，要有较为便捷的交通运输条件和发达的物流业，要有能够提供生产和生活需要的以公共服务为基础的第三产业，等等。由此可见，乡镇工业的发展同样要求向城镇集中，这种集中主要表现为人口集中、生产集中、交换集中、消费集中、财产集中、技术信息集中和政治文化集中。乡镇工业持续发展对小城镇的依赖性，决定了乡镇工业的发展必然推动小城镇的扩张，而小城镇建设的推进，又会反过来带动乡镇工业和第三产业的发展，乃至农村经济和整个国民经济的全面发展。适时调整农村工业化、城镇化政策，破除制约农村工业化、城镇化的体制性障碍，加快农村城镇化进程，最直接受益者就是农民。正是在这个意义下，减少贫困农民数量的根本出路，在于发展农村工业以及在这个基础上加快推进城镇化进程。

（二）建立市场主导型的城镇化建设机制

温州市的城镇化之所以能够以较快的速度发展，还有一个重要原因，就是其率先突破了传统的计划经济体制的运行模式。在传统计划经济体制下，城市的建设是由政府负责的，城市居民的高福利、高保障（相对农民而言）也是由政府负担的，但政府财政资金有限，无力负担广大进城农民工社会保障所需的财政支出。因为农民进城意味着政府财政支出的扩大。为了缓解这个矛盾，部分地方政府所做出的反应是限制农民进城，即阻止农村人口城镇化进程。如河南省郑州市的"户籍改革",也从反面印证了这个问题。2001年1月,郑州市在河南省率先推行户籍制度改革,不到一年新增入户人口10万人;2003年8月,郑州市政府允许外地人以"投亲靠友"等方式办理城市户口,一年内郑州市又新增入户人口12万人。由于不能承受人口激增带来的就业紧张、交通拥挤、教育资源短缺、公共产品和服务供应严重不足等压力,2004年8月20日,郑州市暂停以"投亲靠友"为代表的"户籍改革",并重新执行2003年8月以前的标准。郑州市的户籍改革之所以如此短暂,其原因在于城市基础设施与公共服务不足和迅速增长的人口规模之间产生了难以克服的矛盾。这正是目前许多地方在城镇化过程中面临的窘境。

温州市在城镇化过程中则创造了化解这个矛盾的成功经验,其所采取的对策是把以往的政府主导型的城镇化转变为市场主导型的城镇化,即不依赖国家投资,通过改革的办法引入市场机制,引导先富起来的农民进城务工经商,依靠农民自身力量多渠道筹措建设资金,解决城镇发展中的人口集聚、建设资金和经济发展三大问题。引入市场机制的关键,在于形成一整套产权明晰的激励机制。如何引入市场机制来提供公共服务成为问题的关键。在温州的城镇化建设过程中,政府明确提出了"谁投资谁受益"和"谁受益谁投资"的原则,其具体做法是把部分城镇基础设施商品化,从公益型开发供给转向经营型生产供给,形成了"以路养路,以桥养桥,以电养电,以水养水"的自我积累、自我平衡、自我补偿的新机制。

城镇化是否能以工业化为依托,取决于企业向城镇转移的机制。在整个转移过程中,温州依靠的是市场机制,没有行政强制,只有政府的主动适应和服务。企业向城镇集中的机制，就是在政府提供规划和服务的前提下，农民从企业发展要求出发，利用自己积累的资金，投资建设工业小区实现城镇扩建，企业再进入工业小区生产经营，然后利用企业资金进行城镇公共设施建设，依托城镇发展企业。由此，企业成了城镇经济的主体，农民成为城镇的居民，实现了企业和城镇的统一发展。

（三）土地流转制度创新

土地资源是小城镇开发建设的关键因素。温州人多地少，2006年人均耕地只有0.35亩。在小城镇开发建设过程中，如何建立和完善土地流转与土地置换制度，经济又合理地利用有限的土地资源，以便为小城镇建设筹集所必需的资金，是摆在人们面前的又一项重要课题。土地流转与土地置换制度是土地产权转移、让渡的经济法律关系的总和，主要解决土地产权（土地资源）的再配置问题。改革开放以来，温州市长期存在的土地使用的无偿性、无限期性和无流动性，逐渐被有偿性、有限期性和可流动性取代，在这个基础上形成和发展起来的土地市场已初具规模。土地的流转置换是以市场为载体进行资源配置的，并与经济利益挂钩，以符合市场经济原则，使城镇土地都能得到充分合理的使用。以市场为载体的土地流转和置换，还有利于推进小城镇经济增长方式的转变，诸如通过出让、租赁、抵押、作价入股等方式，推动经济部门以最少的土地资源投入获得最大的经济增长，逐步将土地的粗放利用变为集约利用，促进整个经济增长方式的转变。

早在20世纪80年代初，温州就在全国率先实行土地有偿使用制度的改革，各地小城镇的土地流转和置换制度因此逐步形成，土地要素同其他要素合理组合并产生较好的综合效益,为小城镇开发建设提供了大量资金,这些资金在城镇基础设施建设和旧城改造中发挥了重要的作用。例如,龙港镇把土地作为商品经营,按地段分为不同等级,以及按不同等级形成的级差地租以收取市政设施费的形式,进行土地有偿出让。到1985年底,该镇共收入100多万元设施费,基本上解决了"三通一平"① 建设所需要的资金。截至2006年,龙港城镇建设共投入资金20多亿元,其中98%的资金是通过土地有偿使用等措施,由进城的农民投入的。通过土地流转和置换,温州市小城镇的生产布局与产业结构得到进一步调整,相关产业的聚集度得到提高,强劲的综合经济功能逐步形成,有力地推进了经济的高速增长。其显著特征是温州涌现一批综合实力较强、发展速度较快的经济强镇,形成了区域关联度较高的沿海、沿江、沿路"三沿"强镇带布局。温州农村近年来迅速崛起的30个经济强镇,其人口占全市农村总人口的26%,经济总量却占全市农村经济总量的80.8%。

为了进一步优化土地资源利用方式,促进经济产业集聚,温州市进行了农村土地流转制度创新。按自愿有偿、权利义务对等的原则,依法进行土地使用权的合理流转,实行"一地一证"制。农民凭土地使用权证和承包合同,可以对土地实行出让、出租、转包、入股、抵押等流转活动。吸引产业资本进入农业领域,鼓励农户将承包的少量耕地折算成股份加入农场或进行转让。组建农业土地公司,通过市场行为采购、整治过度细碎的小块耕地,对转让土地使用权的农

---

① "三通一平"是指建设项目在正式施工以前,施工现场应达到水通、电通、路通和场地平整等条件。

户给予合理的经济补偿。为了继续坚持"以城建城"的筹资策略，温州市还进一步规范城市土地批租运作机制和土地出让方式，创造性地组建城市建设投资公司，为城市基础设施建设开辟了稳定的收入来源。

（四）建立一元户籍制度

温州市城镇化过程中所面临的一个难点是：传统计划经济体制遗留的城乡二元户籍制度严重地阻碍了农村城镇化的发展。只有逐步改革传统的城乡分割的二元户籍制度，变城乡二元户籍制度为统一的一元户籍制度，才有可能为劳动力在产业之间、城乡之间的自由流动和形成全国统一的劳动力市场创造条件。

考虑到长期积累下的诸多矛盾，户籍制度的改革可以分步骤有选择地推进，即从传统计划经济体制较为薄弱的地方开始。与现有大城市相比，农村小城镇的计划经济体制包袱较轻，容易实行新户籍制度。早在20世纪80年代初期，温州市就率先突破城乡分割的二元户籍制度，鼓励农民自理口粮进城，自建住宅落户，自办企业发展，成功地走出一条依靠农民自身力量建设城镇的新路子。温州市的龙港镇，曾被誉为"中国农民自费造城的样板"和"中国第一座农民城"。"允许并鼓励务工、经商、从事服务业的农民自理口粮到集镇落户"，这一政策打开了城乡分割封闭体系结构的一个缺口，使固化了几十年的城乡二元结构开始软化，促使农民以极大的热情涌进小城镇，农村小城镇人口剧增。1984年7月，龙港镇委、镇政府决定"对外开放"时，公布了八大优惠政策，提出"地不分东西，人不分南北"，按"自理口粮、自筹资金、自建住宅、自谋出路"的"四自"方针，鼓励农民进城开发。凭着这些优惠政策，龙港"对外开放"

决定公布后的10天内就有220多户农民申请入城。到第30天，500多户农民完成入城申请。龙港镇2020年城区人口达到45.03万人，城镇常住人口比例达到96.89%。

20世纪90年代中期，温州市又进一步深化户籍制度改革，提出凡在小城镇具有合法稳定居所的外来非农人员和农民，统一按程序登记为常住户口，即城镇居民户口，其待遇和义务与原城镇非农业户口等同。到2020年，龙港镇户籍人口增长到38.2万人，其中城镇人口33.4万人。这一政策打破了地域和籍贯的界限，从法律上为务工经商者、产业投资者、专业技术人才落户小城镇提供了政策保障，可以说是中国户籍制度改革的一个飞跃性成果。温州对传统户籍制度的改革，消除了在户籍、择业、居住方面对农民的歧视性政策，缩小了由于不同社会身份而形成的经济和社会差别，对农村剩余劳动力的转移与农村小城镇建设具有十分深远和现实的意义。

第三节　中国西南地区新型城镇化建设的经验

一　重庆

重庆市作为西南地区唯一的直辖市、长江经济带的西部中心枢纽、西部仅有的两个全国统筹城乡综合配套改革试验区之一，承担着率先按照新型城镇化理念发展的重任。在推进城镇化的过程中，重庆市政府逐步提出"一圈两翼"规划（2006年）和"五大功能区域"发展战略（2013年）。2017年，重庆市人民政府工作报告更是提出要坚持以人为核心，转变城市发展方式,优化功能布局,强化互联互通,提升重庆市承载力、协调性和宜居度。重庆市的新型城镇化建设取得重大进展。国家发改委发布的《新型城镇化系列典型经验》更是将重庆市作为典型案例收录在内。重庆的经验及做法如下。

(一)加快推进农业转移人口市民化

重庆市常住人口城镇化率从 2005 年的 45.20% 增长至 2020 年的 69.46%,增加了 24.26 个百分点,2016~2020 年城镇化发展速度始终高于全国平均水平。面对如此大规模和迅速的城镇化进程,重庆市政府决定立足五大功能区域战略,差别化制定落户政策和梯次设置准入条件。如都市功能核心区着力疏解人口,以务工经商 5 年和拥有合法稳定住所为基本落户条件;都市功能拓展区按照"新增城市人口宜居区"进行定位,将务工经商年限放宽到 3 年;城市发展新区按照"集聚人口重要区域"进行定位,将务工经商年限放宽到 2 年;渝东北生态涵养发展区和渝东南生态保护发展区则着力推动人口合理减裁。2015 年,重庆市已落户的 436.6 万人中,农民工及其家属达到 360 万人,占总数的 82.5%;16~60 岁的转户人员达到 291 万人,占转户人员总数的 66.6%,且总体上以劳动年龄阶段农民工及其新生代为主体。这说明合理规划的落户政策有效降低了像重庆市这样的超大城市的落户门槛,使符合条件的大量农业转移人口顺利实现市民化。

(二)有效提升农业转移人口生活质量

为进一步提升农业转移人口生活质量,重庆市规定农业转移人口一旦落户城镇,就和城市原居民同等享有就业、养老、医疗、住房、教育以及就业帮扶、创业资助等各种待遇。2020 年底,重庆市各类养老保险参保率达到 95%,医疗保险参保率超95%。2010年,重庆市探索保障性住房建设管理模式,在全国范围内率先向城市外来人口开放公租房,允许本市和外地户籍人员在同一门槛条件下申请公租房。2015年底,重庆市共建设完成公租房21.4万套,共1070万平方米,其中,进城落户居民和农民工公租房配租比达到48.1%。为帮助农民工更快融入城市,重庆市还着力促进公租房小区与城市商品房小区共享便利的基础设施、公共服务以及良好的社区治理服务。这不仅方便了农民工的日常生活,还实现了新老市民交融互动,使社区形成了和谐融洽的氛围。为落实平等教育待遇,重庆市提出坚持"两为主"(以输入地政府管理为主,以公办全日制中小学为主)、"两纳入"(纳入区域教育发展规划,纳入教育经费保障范围)原则,妥善解决了流动人口随迁子女接受义务教育的问题。

(三)促进城乡要素合理流动

农业人口入城后,大片土地资源被闲置。为更好地保障农民利益以及充分利用农村土地资源,重庆市决定建立市场化复垦激励机制,引导农民自愿将闲置、废弃的农村建设用地复垦为耕地,形成的耕地在保障农村自身发展后,节余部分以地票方式在市场公开交易,实现地票融资功能,这样既为城市建设用地拓展了空间,又坚守了耕地保护的红线,增加了农民财产性收入。进城落户居民还可以通过农村土地产权抵押融资、承包地和林地流转,获得财产性收益,客观上促进了农村土地适度规模化经营。截至2017年10月,已有13.62万户进城落户居民申请复垦宅基地;2017年9月,重庆市共办理农村集体建设用地复垦项目收益权质押贷款131.98亿元;自2008年重庆农村土地交易所挂牌成立以来,推出了三大类20余个交易品种,累计交易额近900亿元。

作为土地交易所核心交易品种的地票，10余年来，盘活农村建设用地近240平方公里，使50万农户户均增收7万余元。这些举措均有效激活了农村土地资产。

从重庆上述城镇化的成果中，我们可总结出其新型城镇化的经验如下。

首先，深化户籍制度改革促进城镇化。深化户籍制度改革是推进农业转移人员顺利落户大城市的基础。第一，根据城市综合承载能力和功能定位，区分主城区、郊区、新区等区域，分类制定差别化落户政策和梯次设置准入条件，逐步降低超大城市、特大城市落户门槛。第二，放宽落户申请条件，允许租房居住的常住人口在"公共户口"落户，保障此类人群的基本权利。第三，探索实现省（区、市）域内城市群不同城市间户籍政策的统一，保证人口的自由迁移。第四，对实施积分落户制的城市，优化积分结构，逐步提高社保、居住服务年限等项目分值，取消积分落户年度限额。

其次，注重保障落户居民同权同待遇。平等的权利和公正的待遇是农业转移人口安心扎根城市、服务城市的保证。第一，按照"低门槛、广覆盖、分步推进、稳步提高"的原则，着力扩大居民居住证覆盖面，拓展居住证互认区域范围，同时不断丰富公共服务内容，提高居住证含金量，提高农业转移人口的积极性。第二，建立统筹城乡的社会保障机制，实现社会保障制度全覆盖和五大社会保险的市级统筹、城乡居民养老保险和合作医疗保险一体化、农民工养老保险和城镇职工养老保险待遇统一，实现跨区域、跨险种的衔接，使城乡居民的生活得到基本保障。第三，在全国范围内推进保障性住房对城市常住人口全覆盖，探索公共租赁住房保障货币化，同时改善保障性住房、公共租赁住房周边环境和基础设施，增强外来人口在城市的融入感。第四，在外来人口集中地区，鼓励通过引导社会力量办学、政府购买学位、发放"教育券"等方式，为农业转移人口随迁子女提供教育服务。

最后，高效利用资源和完善产权制度。得到高效利用的资源和顺利流转的产权是实现农业转移人口和农业人口"双赢"局面的保障。第一，健全城镇低效土地再开发激励机制，探索盘活农村资产资源的新方式，鼓励农村集体经济组织与工商资本合作，整合集体土地等资源性资产和闲置农房等，发展民宿等新型商业模式。第二，建立进城落户农民农村土地承包权、宅基地使用权、集体收益分配权自愿有偿退出机制，参照"地票"市场价和相关征地补偿标准对农户放弃的权利计价予以补偿，以整体发包方式将农户退回的土地及相关权益交予返乡创业的村民用于农业综合开发，并支付相关费用。第三，建立农村产权交易所，搭建区域性农村产权交易平台。第四，推进农村产权抵押融资等试点，鼓励银行业金融机构在风险可控和商业可持续的前提下扩大农业农村贷款抵押物范围，同时探索设立农民产权抵押贷款风险补偿基金，分担贷款风险和保障抵押物处置期间农民基本权益。

二　成都温江

卫星城与大城市有着密切的联系，对大城市城市功能的完善、城市空间结构的优化、城乡联系与互动的加强有着重要的作用。温江区为成都市规划的 8 大卫星城之一，于 2015 年 3 月被国家发改委列为全国 61 个中小城市综合改革试点城市之一。温江区以加快新型城镇化建设为主线，紧紧围绕

第四章 国内外城镇化建设的经验与启示

大都市区卫星城中小城市综合改革试点主题，紧扣建设宜业宜居宜游的国际化卫星城定位，在增强中小城市资源集聚能力、人口吸纳能力和综合承载能力的生动实践中，着力深化农村土地制度改革，创新产业融合发展机制、城市建设多元投入机制和基于户籍制度改革的公共服务供给机制，有力地促进了新型城镇化发展。温江的具体做法有以下几项。

（一）深化农村土地制度改革

持续巩固和深化土地确权成果。在农村集体土地所有权、承包经营权、林权、宅基地和建设用地使用权等确权颁证的基础上，拓展农村产权确权范围，全面开展养殖水面、水利设施、农业生产设施等确权工作，使农民财产权利得到保障，城乡要素平等交换的基础得到夯实。切实完善交易制度和加强平台建设。建立健全农村产权流转交易的程序、规则和流程，分别完善了流转交易规则、价格形成机制、收益调节机制，明确了集体土地所有权与承包权、经营权、林权、宅基地使用权、农村房屋产权之间的关系，妥善处理了国家、集体和农民之间的利益关系。同时抓好流转交易平台建设，构建"区、镇、村"三级农村产权流转服务中心。在组建区级产权交易流转服务平台的基础上，相继在9个涉农镇（街道）、17个村（社区）全面建立了农村产权流转服务分中心（站），推行"六统一"管理模式，促成规范交易。积极引导和促进城乡要素互通。以农村土地综合整治为抓手，稳妥推进城乡建设用地增减挂钩，鼓励和支持集体建设用地使用权持有人通过自主开发、公开转让、参股合作等多种方式开发利用集体建设用地，引导农民自发自主实施农村土地综合整治，用结余土地出让金或自主开发收益承担城镇化建设的成本。同时积极探索农村产权与金融对接的渠道，扩大和推广土地经营权抵押、"农村在地资产金融仓单"质押等已有经验。截至2021年11月，温江区累计为1018个农村市场主体办理发放农村各类产权抵押担保融资共52.6亿元。

（二）创新产业融合发展机制

创新产业发展思路。加快推进先进制造业与生产性服务业、现代农业融合发展，积极推进医学、医疗、医药融合发展，加速推进旅游业与文化创意、休闲运动、都市现代农业等互动发展，通过产业间功能互补和产业链条的延伸，促进区域内三次产业之间相互渗透、叠加、交叉和融合，推动产业结构转型升级。推动产业载体建设。以医学、医疗、医药"三医融合"为主攻方向，加速推进成都医学城建设，优化园区管理机制。探索校地创新合作模式，积极建设成都中医药大学科技园。加强与高新区、天府新区的合作，探索构建产业联动的跨园区合作机制。强化创新驱动。通过金融支持，促进创新创业。设立1亿元产业投资引导基金、6000万元贷款风险资金池，为企业提供贷款1.34亿元。通过建设四川青年（大学生）创业示范园等举措，不断激发社会创新创业活力和创造潜力，在区内形成"大众创业、万众创新"氛围，推动区域产业转型升级。产业的发展带来了城市的繁荣和人口增长。2020年，温江实有人口达96.79万人，较2015年增加16.19万人。

（三）创新城市建设机制

积极争取国家专项建设基金。紧盯国家城市建设专项基金政策，深度策划"13+X"包装储备项目，争取到北部污水系统总体工程、成都医学城A区供排水管网工程、九州通现代医药产业示范园等9个项目专项基金4.35亿元。创新城市建设融资方式。对于成功争取到国家专项建设基金的项目，配合国家开发银行及中国农业发展银行政策性贷款，形成了"基金债券组合""基金贷款组合""债贷组合""债债组合"等一系列多形式的融资方式。创新城市建设项目推进机制。探索"四位一体"工作机制，实施"投改租"和政府与社会资本合作（PPP）模式，招引社会资本，政府通过支付租金和购买服务的方式，解决项目资金来源问题，加快推进建设全区 198 个重大项目。

（四）创新基于户籍制度改革的公共服务供给机制

扩大公共服务供给对象范围。探索实施户籍与居住一元化管理，建立户口登记地与实际居住地一致的户籍制度，让户籍回归管理人口信息的本来面目，使农民不再是一种身份，而是一种职业。从就业、社保、住房保障、社会救助、义务教育、职业教育、民主管理权利、义务兵家庭优待 8 个方面入手，在确保已有惠农政策持续有效的前提下，实现城乡居民享有平等的基本公共服务和社会福利。消除供给区域差异。坚持全域覆盖标准，在教育、卫生、养老、文化服务等各个领域，促进公共服务均衡化。全面实施中小学学区制，较好解决了外来务工人员子女入学问题，义务教育均衡化指数居全省前列，"宜学温江，卓越教育"品牌正在形成。10 分钟的公交圈、公园圈、文化圈基本建成，113 个社区活动中心全面建成。

温江推行新型城镇化的经验有以下 3 条。

第一，推进新型城镇化，目光不是只盯着大城市，而是注重大中小城市及小城镇协调发展。

中国的城镇化经过几十年的发展取得了巨大成绩，但也存在诸多问题。最突出的问题之一就是城镇化建设过程中大中小城市发展不平衡。温江区在此次中小城市改革中，充分发挥卫星城准入门槛低、生活成本不高等优势，统筹城乡发展，推进新型城镇化。温江区的实践证明，新型城镇化需要发挥大城市的重要作用，也必须更加注重卫星城等中小城市和小城镇的发展。只有合理布局产业，有效解决就业问题，推动公共服务均等化，才能实现大中小城市及小城镇协调发展，也才能实现城乡统筹发展。

第二，推进新型城镇化，核心就是人的城镇化。

新型城镇化必须把人的城镇化和人的发展放在核心位置，必须坚持以人为本的原则。温江在卫星城建设和中小城市改革中，始终把人的需求和发展摆在首要位置。不论是本地人口还是外来人口，无论是物质层面还是精神层面，都尽可能地给予满足。始终把群众利益、群众诉求作为建设的出发点和落脚点，充分调动了群众参与城镇化的积极性。温江区改革的实践证明，城镇化必须把人作为核心因素，打破传统的城乡二元管理模式，让基本公共服务覆盖所有常住人口，满足人民群众日益增长的物质文化需求，只有这样才能实现人的合理集聚、有序流动和全面发展，才能真正实现新型城镇化。

第三，推进新型城镇化，切忌千篇一律。

推进新型城镇化发展，绝对不能千篇一律。因地制宜是城镇化发展的必然要求。温江区卫星城建设以及中小城市改革是与其经济发展水平和特定的历史条件相适应的，是从其所具备的地理条件、资源特点、产业特色、生态环境、人文特质等客观条件出发，因地制宜的结果。温江区的实践证明，推进新型城镇化绝不能千篇一律，必须注重科学规划，走有自身特色的专业化道路，同时要尽可能地保护和传承传统文化，彰显城镇人文气质，使新型城镇化更加富有个性、贴近现实。

第四节　国内外经验对云南新型城镇化建设的启示

一　国内外城镇化建设经验总结

（一）土地和人口城镇化仍是地方政府城镇化建设的主要推动力

中国城镇化的体制推动力，一方面来自国家经济发展战略需要，即城镇化能够带来 GDP 的增长；另一方面来自地方政府的财政增长动力。这就决定了城镇化建设重心不在制度改革方面，而在财政增长需求的土地城镇化和建立在城乡分配差异之上的廉价劳动力市场需求的人口城镇化，不发达地区如此，发达地区也不例外。

从苏州的实践来看，户籍制度改革、城乡一体化改革、分配公平方面的改革等，最终的目标是服务于地方经济发展和财政增长的需要。因此，基于这种目标的制度改革不可能系统推动城镇化建设，是走一步看一步的权宜之策。比如，张家港市实施外来人口积分管理办法后的 3 年多时间里，只有不到 1000 名外来人口取得城市户籍，与张家港市 70 多万的外来人口数量比较，这个户籍制度改革几乎没有什么实质性的意义。其他的所谓改革创新也大多不成功，比如外来人口与本地居民在医疗卫生、社会保障、子女教育等基本公共服务均等化改革方面的单兵突进或小步慢走，最终的结果只是在政策表述上"缩小了差距"，实际情况并没有多少改善。原因是，要么一些配套政策没有跟上，要么涉及城市固有资源结构而难以推动。结果是，诸如此类的改革没有多少实质性的意义。总之，尽管发达地区的城镇化制度改革具备不发达地区缺乏的经济社会发展条件，但也只是其经济发展和财政增长的"副产品"，或者说并没有上升到破除城乡二元结构、实现城乡统筹发展和城乡一体化发展的战略改革层面。

（二）新时期需重新审视城镇化制度改革的本质

城镇化制度改革需要从顶层设计和基层探索两方面来策动。顶层设计基于基层实践经验的总结，离开基层实践，顶层设计就会脱离实际而难以成为地方城镇化建设的政策动力，而基层探索如果没有顶层设计的支持，就会失去行政合法性和一系列配套政策的支撑。因此，总结城镇化基层探索的实践经验，比如苏州的一些改革举措和存在的问题，对中国特色的城镇化发展具有实质性的制度建设和社会建设意义。苏州城镇化制度实践对当前中国城镇化建设的借鉴意义在于以下三个方面。

第一，中国城镇化建设本质上是城乡统筹发展及城乡一体化的制度改革问题，要实现的目标是人的城镇化，而不是"人口城镇化"或"土地城镇化"。以人为本的城镇化要求打破城乡分治结构，建立城乡一体的社会保障体系，实现城乡公共服务均等化和公民权利平等，最终实现城乡居民分配公平与分配正义。

第二，经济发展与城镇化制度改革没有内在关联性。一方面，经济发展不是城镇化制度改革的前提条件。工业化率是城市本身的经济发展结果，工业化率与城镇化率不是一回事。在发达地区，工业化率高但城镇化率低，也是一个普遍现象。因此，经济发展与城镇化制度改革没有逻辑因果关系。另一方面，经济发展不是城镇化制度改革的必要条件。比如，户籍制度改革与经济发展水平没有什么关联，前者涉及的是公民权利平等和公民权利保障问题；城乡居民的教育、医疗、就业等权利平等，是实现公民分配平等和分配正义的基础，这些改革不需要经济发展作为基础条件或必要条件，它只关乎公民权利的制度保障问题。

第三，城镇化制度改革是"解放生产力"，即推进城乡要素平等交换和公共资源均衡配置，城镇化制度改革会为城镇化发展注入制度驱动力和竞争活力。反过来讲，城镇化制度改革是实现城乡居民资源公平分享和城镇化成功推进的基本制度条件。

（三）城镇化建设的核心是构建城乡一体化制度体系

当前城乡一体化制度改革，涉及社会保障体系改革、户籍制度改革、新型城乡社区建设、社会组织体制改革等。因此，根据城镇化发展要求，不仅要在统筹城乡关系上取得重大突破，促进城乡社会经济一体化发展，而且要积极探索建构一套系统的城乡一体的制度体系，使之与城乡社会经济发展相适应。

第一，实现城乡一体化是城镇化的前提条件。中国要实现现代化，最大的瓶颈就是城乡二元结构和城镇化水平问题。比如，"三农"问题不只是农村、农业、农民的问题，还是城乡协调发展的问题，涉及城乡二元结构、户籍制度、社会保障、居民身份、公共服务等多个方面。也就是说，城镇化是一个关涉诸多政策法律系统的制度建设与社会建设问题。由于历史和现实的原因，发达地区与不发达地区城镇化制度改革的途径和做法可以不同，但目标都是通过实质性的制度改革和城镇化建设，破除城乡一体化的制度障碍，实现城乡社会实质性的一体化。

第二,把城镇化与实现城乡居民的分配公平和分配正义的目标结合起来。城乡二元体系使农村建设和城镇化走在平行的发展道路上,不利于城乡协调发展和城乡之间的社会流动,并且导致城乡差距进一步扩大,农民不能与城市居民共享改革发展成果。因此,根据城镇化发展的本质要求,不仅要努力破解城乡二元结构,促进城乡社会经济一体化发展,而且要积极探索一套系统的城乡一体化的治理体系,使之与城乡社会经济统筹发展相适应。只有将基层治理体系现代化与城镇化建设统筹规划、协调推进,推动城乡基层社会融合,城乡基层治理的现代转型与城镇化建设才能确立一种相互推动的促进关系,而城乡居民分配公平与分配正义的实现,必然会给城乡社会发展注入新的动力。

第三,把城镇化与治理体制转型结合起来。当前中国城镇化建设应从体制和制度改革上取得突破,以适应城镇化发展要求。这既意味着农民的生产方式、生活方式、居住方式从农业和农村向工商业及城镇转变,又意味着经济产业结构、社会组织体系、人居空间状态、公共管理服务、文化习俗传统方面的深刻变化。因此,城镇化建设需要制度建设、社会建设、文化建设协同推进。比如,农民身份的改变是一个关乎分配公平和分配正义的问题,需要对社保、教育、医疗、养老等政策体系进行实质性改革;再如,基础设施建设非常重要,但城镇发展需要的是人,需要的是市民化的人,而不是一群居住、生活在城镇里的具有农民身份的人。当下,中国社会的转型是由传统的乡村社会向现代的城市社会转型、由农业文明向工业文明和城市文明转型,但归根结底是人的现代化转型。

第四章　国内外城镇化建设的经验与启示

第四，实现农村现代化是城乡一体化的基本目标。城镇化不是要消灭农村，而是要城乡统筹发展，与推进城镇化同样重要的是，实现农村现代化。但实现农村现代化，并不是只加大对农村的资金或资本投入力度就能够实现。改造传统农业取决于对农业的投资，但改造传统农业并不只是资本供给问题，而是这种投资应该采取什么形式的问题，这些形式要使农业投资有利可图，使农业成为经济增长的一个源泉。因此，实现农村现代化，一方面要加大公共财政向农村倾斜的力度，使农村的基础设施配套水平和社会服务水平达到城市标准；另一方面要注重资本投入形式，比如通过扶持村民殖产兴业来推动特色经济或产业的发展和壮大，创造更多的创业与就业机会，吸纳当地农民"不离乡不离土"就地就业致富等。也就是说，必须把对农业的资金投入从量的累积转变为资本运作形式的战略选择，如此才能最终把农业变成经济增长的一个源泉，使农民可以就地城镇化。

第五，将城镇化建设纳入全面、系统的制度改革的政策设计中。地方政府需要推动户籍、社保和土地制度联动改革，把诸多相关政策体系纳入城乡统筹发展和城乡一体化建设当中，努力构建和完善城乡一体的户籍、土地、医疗、养老、教育、就业等制度体系，建立城乡一体的基本公共服务体系。同时，在基层政权建设上打破城乡分治，加强新型社区建设，使其成为城乡社会治理的基本单元，适应城镇化和城乡经济社会一体化发展的现实需要，以扩大基层自治为重点扩大基层民主，让基层群众自治组织、农村经济合作组织等参与到基层多元治理体制中，使城镇化建设与基层治理体制建设之间形成一种结构性的相互推进关系。

二　对云南新型城镇化建设的启示

（一）为云南省的县市量身定制城镇化发展战略

由于云南各县市之间的自然资源禀赋、人口基础、经济发展水平、市场成熟度等存在差异，不能根据市场情况来自由推进城镇化，因此需要政府指导，对城镇化发展进行精细规划，实现城镇化发展战略的量身定制，实现"一县（市）一特色"。

（二）通过交通建设和信息技术应用，建立立体边境小城镇体系

目前云南边境城镇处于孤立发展模式中，没有实现交通和信息的全面互联互通。因此，应大力发展交通基础设施，实现边境重点城镇间的互联，以此为辐射点，带动重点城镇和乡村道路的互联互通，实现重点城镇与国际大通道之间的联通。在加强实体网络互联互通的基础上，构建5G通信网络，实现城镇间、城乡间的信息互通共享，通过数字化网络带动边境地区社会和经济的发展。

（三）强化生产要素在城乡之间的自由流动，缩小城乡差距

由于云南省城镇多且小，城乡差距较大，城镇间发展不平衡，因此在城镇化进程中，亟须打破人力、金融、技术等生产要素在城乡、城镇间流动的障碍，实现要素的自由流动。健全要素市场布局，规范市场交易，推进要素交易向边境地区流动，从而使城镇发展均衡化，缩小城乡差距，带动乡村发展。

通过深化户籍制度改革，打破人口流动障碍。在建立城乡统一的户口登记制度和全面实行流动人口居住证制度的基

础上，按照"分类指导、因城而异、因群而异"的思路，根据城镇的规模、综合承载能力和发展潜力，健全相应的农业转移人口落户制度。以保障民权、增加民利为评价标准，以合法稳定就业和合法稳定住所等为前置条件，因地制宜地差别化确定城镇农业转移人口落户制度。

（四）通过基本公共服务均等化推进城乡一体化进程，实现农村现代化

保障农村转移人口在城镇中享有和城镇居民同等的公共服务，是推进城乡一体化的重要内容。公共服务包括就业创业、随迁子女教育、住房保障、社会保障和医疗保障。应通过基本公共服务均等化建设，吸引更多的农业人口进入城镇，留下来建设城镇，减少农业人口。同时，通过实施乡村振兴战略，推动农村现代化的进程，减少务农人员，提高农业生产率，将农村剩余劳动力引入城镇。

（五）推进特色小城镇建设

加强对历史文化遗产的保护与发展，积极推进沿边和少数民族城镇、村寨发展，建设生态环境良好、文化内涵丰富、风貌特征鲜明的特色城镇。依托边境地区独特的资源条件，挖掘发展潜力，创新发展模式，加快建设特色小镇，加快培育特色产业，协调推进城镇和农村发展，提高城乡居民生活质量和水平；改善人居环境和投资环境，推进生产要素聚集发展，增强小城镇辐射带动作用，使特色小镇成为民族地区发展的新亮点。

（六）强化城镇化政策协调，实现政府与市场的良性互动

城镇化建设既要发挥政府的引导作用，也要发挥市场在资源配置中的决定性作用，实现两者间的良性互动。城镇化政策协调，既要协调中央到省到州市之间的纵向政策，也要

协调政府部门间的横向政策,让不同政策产生最大的合力,共同推进边境城镇化的进程。边境地区各级政府,既要用足用活已有政策,也要不断创新体制机制,实行适合本地城镇化的政策。同时发挥好边境城镇所面对的外部和内部市场作用,加速要素在城镇之间和城乡之间的流动。

(七)通过绿色发展带动城镇化建设

边境地区生态脆弱,生态环境关系到当地居民的生产和生活。边境城镇应以提高资源综合利用率和减少废物排放为目标,大力支持节能减排技术研发、引进、示范和推广,完善节能减排技术服务体系,推动形成低消耗、低污染、高效率的集约型发展方式。全面推进节能、节水、节地、节材和资源综合利用,促进废水、废气、固体废弃物的减量化、资源化、再利用,努力降低能耗、水耗和物耗,明显提高资源产出率。从生产、消费、体制机制三个层面推进低碳发展,推动经济社会发展向低碳能、低碳耗、高碳汇模式转型。建设绿色低碳城镇,加强环境保护。

第五章
云南省新型城镇化建设水平评价

　　《云南省新型城镇化规划（2014—2020年）》所提供的城镇化建设水平评价指标体系主要包括人口转移、基本公共服务、基础设施和资源环境四个方面。从指标的数据结果来看，云南省基本完成了规划的预期目标。但是，作为一个阶段性的评价指标体系，该规划并未关注城镇化建设中产业发展、城市空间格局、居民生活水平和城乡统筹等方面的评价，因此需重新构建指标以契合云南省"十四五"规划战略目标。现有指标体系只注重数量型指标而对质量型指标的关注不够，并不能全面衡量"以人为本"的新型城镇化建设，有必要在此基础上进行调整，纳入更多质量型的新型城镇化发展指标对建设水平加以评价，为云南"十四五"时期的新型城镇化建设提供实证参考。

第一节　云南省新型城镇化建设水平评价指标体系

一　云南新型城镇化建设 2020 年达标情况

《云南省新型城镇化规划（2014—2020 年）》通过 28 个指标对云南省新型城镇化建设水平进行评价，其中大部分指标延续了《国家新型城镇化规划（2014—2020 年）》中的指标，并结合云南省的省情及其特色资源，增加了 11 个特色指标，删除了国家规划中的可再生能源消费比重指标，具体包括：在人口转移方面，增加了建制县级市在全省县市区中的比重、建制镇在全省乡镇中的比重；在基本公共服务方面，增加了城镇新增就业人数；在基础设施方面，增加了六大城市群内部高速公路网密度；在资源环境方面，增加了建设用地山地坝区比例、基本农田保护面积、粮食生产能力、九大高原湖泊水质优良率、国家级园林城市/县城/城镇数量、国家级传统村落数量、历史文化名城名镇名村名街数量。

根据《云南统计年鉴》《云南省 2020 年国民经济和社会发展统计公报》以及云南省新型城镇化发展专题发布会等公布的统计数据，云南省新型城镇化规划绝大多数指标达到既定要求，但仍有少数指标未公布确切数据或未达标，具体达标情况如表 5–1 所示。

第五章 云南省新型城镇化建设水平评价

表 5-1 云南省新型城镇化建设达标情况

评价准则	评价指标	2013 年	2020 年达标要求	2020 年达标情况
城镇化水平	常住人口城镇化率（%）	40.48	50 左右	50.05
	户籍人口城镇化率（%）	27.24	38 左右	37.72
	建制县级市在全省县市区中的比重（%）	9.30	27 左右	13.95
	建制镇在全省乡镇中的比重（%）	53.20	60 左右	48.09
基本公共服务	农民工随迁子女接受义务教育比例（%）	—	≥99	未公布
	城镇失业人员、农民工、新成长劳动力免费接受基本职业技能培训覆盖率（%）	—	90 左右	未公布
	城镇新增就业人数（万人）	31.6	[290 左右]	[326]
	城镇常住人口基本养老保险覆盖率（%）	64	≥90	90
	城镇常住人口基本医疗保险覆盖率（%）	97.6	≥95	97
	城镇常住人口保障性住房覆盖率（%）	19.66	25	29.46
基础设施	六大城市群内部高速公路网密度（千米/千米^2）	0.0081	0.0154	<0.0152>
	百万以上人口城市公共交通机动化出行比例（%）	37	60	58
	城镇公共供水普及率（%）	94	98	98.1
	城镇污水处理率（%）	81	87	95.5
	城镇生活垃圾无害化处理率（%）	81	87	99.99
	城镇互联网宽带接入普及率（%）	20.38	≥30	27.07
	城市社区综合服务设施覆盖率（%）	80.8	90	未公布
资源环境	人均城市建设用地（平方米）	(139.36)	≤100	<82.61>
	建设用地山地坝区比例（%）	1.54*	1.63	未公布
	基本农田保护面积（万亩）	—	7431	7348
	粮食生产能力（万吨）	1824	2000	2363.17
	城镇绿色建筑在新建建筑中的比重（%）	5	40	58.6

续表

评价准则	评价指标	2013年	2020年达标要求	2020年达标情况
资源环境	城市建成区绿地率（%）	29.85	33	35.4
	地级以上城市空气质量达到国家标准的比例（%）	100	100	100
	九大高原湖泊水质优良率（%）	33.33	44.44	<44.44>
	国家级园林城市/县城/城镇数量（个）	5/2/3	13/10/5	34
	国家级传统村落数量（个）	294	500	708
	历史文化名城名镇名村名街数量（个）	78	106	94

注：* 为2009年数据，（ ）为2012年数据，[ ]为累计数据，< >为2019年数据。

（一）城镇化建设水平

2020年底，云南省常住人口共计4721万人，城镇人口2363万人，常住人口城镇化率达到50.05%，城镇户籍人口1780.6万人，户籍人口城镇化率37.72%。"十三五"以来，全省城镇户籍人口增加了326万人，其中，农业转移人口落户城镇315万人，离新增500万以上农业转移人口和其他常住人口在城镇落户的新型城镇化规划目标还差近180万人。2021年第一季度民政部分省（区、市）统计数据显示，截至2021年5月，云南省辖17个市辖区、18个县级市、65个县、29个自治县，合计129个县级区划，建制县级市在全省县市区中的比例为13.95%，未达到城镇化建设规划目标。截至2021年3月，全省辖192个街道、678个镇、400个乡、140个民族乡，合计1410个乡级区划，建制镇在全省乡镇中的比例为48.09%，也未达到规划目标。

（二）基本公共服务建设情况

云南省人力资源和社会保障厅《关于2020年度养老保

险失业保险工伤保险信息披露的通报》显示，截至2020年底，全省参加基本养老保险人数3151.52万人，其中参加城镇职工基本养老保险人数701.34万人，参加城乡居民基本养老保险人数2450.18万人，覆盖当年全省总人口的66.76%。据《2019年云南省医疗保障事业发展统计公报》，2019年末，全省基本医疗保险参保人数4533.41万人，覆盖当年全省总人口的93.32%，其中城镇职工参保527.96万人，城乡居民参保4005.45万人。自2005年实施城镇保障性安居工程建设以来至2019年底，全省共建设城镇保障性住房211万套，累计为700多万中低收入群众解决了住房困难问题，保障性住房城镇覆盖率为29.46%，超过预期目标。2014～2020年，城镇新增就业人数分别是36.53万人、40.92万人、44.79万人、49.02万人、51.92万人、53.43万人、49.35万人，7年累计新增就业人数326万人，达到预期建设目标。

（三）基础设施建设情况

至2020年底，超过百万人口的城市只有昆明市，城区总人口为406.71万人，中心城区公共交通机动化出行率达到58%，未达到60%的目标。城镇互联网宽带接入普及率27.07%，未达到30%。2019年，全省高速公路建成里程为6003千米，六大城市群内部高速公路网密度达到每平方千米0.0152千米，基本达到预期目标。截至2020年底，全省城镇污水处理率达到95.5%，公共供水普及率98.1%，燃气普及率78.65%。

（四）资源环境利用和保护情况

到2020年底，除建设用地山地坝区比例未公布数据外，人均城市建设用地、粮食生产能力、城镇绿色建筑在新建建筑中的比重、城市建成区绿地率、地级以上城市空气质量达到国家标准的比例、九大高原湖泊水质优良率、国家级园林城市/县城/城镇数量、国家级传统村落数量等指标均达标,基本农田保护面积、历史文化名城名镇名村名街数量未达标。其中人均城市建设用地由2014年的86.67平方米,波动下降至2019年的82.61平方米。2015~2020年,云南省环境空气质量优良天数比例分别为99.1%、99.6%、99.3%、99.8%、98.1%、98.8%。2017~2020年连续4年,全省16个地级城市环境空气质量指标均达到《环境空气质量标准》二级标准。据《2019年云南省环境状况公报》,云南全力推进抚仙湖生态移民搬迁、滇池保护治理"三年攻坚"行动等九大高原湖泊保护治理工作,成效初显,九大高原湖泊水质稳中向好。其中,抚仙湖、泸沽湖达到Ⅰ类标准,水质优;洱海、阳宗海达到Ⅲ类标准,水质良好;滇池草海、程海水质达到Ⅳ类标准。

二 构建云南新型城镇化评价指标体系的必要性

(一)现有指标评价体系的不适用性分析

对于城镇化水平的评价指标,建制县级市和建制镇的占比并不能直接反映农业转移人口的转移过程及其落户情况,不适用于描述人口城镇化的进程。在基本公共服务建设方面,农民工随迁子女接受义务教育比例,城镇失业人员、农民工、新成长劳动力免费接受基本职业技能培训覆盖率两大指标虽然能够较好地测度农民工融入城市生活的程度,但统计数据的可获得性较差,不利于进行长期监测。城镇常住人口参加基本养老和基本医疗保险的覆盖率指标,不符合国家现有的城镇职工和城乡养老医疗保险统计口径,需要进行调整。城镇新增就业人数只考虑了流入情况，而没有考虑流出情况，未能反映城镇的经济吸纳能力。新型城镇化中的基本公共服务建设，始终强调公共服务一体化和均等化，所以未来评价指标的设计应兼顾对城乡统筹的评价。基础设施建设方面，云南拥有百万以上人口的城市只有昆明，所以百万以上人口城市公共交通机动化出行比例指标不足以评价全省的公共交通建设情况，需重新选择其他指标。随着5G网络的普及，手机上网将成为主流的互联网接入方式，城镇互联网宽带接入普及率已不能客观描述城镇信息化基础设施的建设情况。资源环境利用和保护方面，建设用地山地坝区比例指标对于保护坝区土地具有一定的指征意义，但是"城镇建设上山"是否会破坏生态环境值得商榷，所以不宜作为长期评价指标。另外，这套指标体系中所涉及的基本医疗保险覆盖率和空气质量达标率在2013年就已经达到2020年的发展目标，变化幅度较小，不再适合用来评价新型城镇化的发展水平。

（二）云南新型城镇化建设存在的主要问题

一是人口城镇化水平较低。到2020年，国家常住人口城镇化率目标为60%左右，户籍人口城镇化率为45%左右，而云南省的常住人口城镇化率和户籍人口城镇化率与国家目标相差近10个百分点和8个百分点，也未完成新增500万人以上农业转移人口和其他常住人口在城镇落户的目标。因此，加快和提高农业人口转移速度与数量仍然是未来5年内云南省城镇化建设的核心任务。

二是土地城镇化进程远超人口城镇化进程。云南省城市建成区面积由2006年的542.26平方千米上升至2018年的1163.97平方千米，年平均增长率为6.57%，而常住城镇人口年平均增长率为5.7%，城市建设的扩张速度超过城镇化人口的增长速度，使得城市建成区人口密度大幅下降。

三是城镇体系结构还需优化。2019年，云南省滇中城市群以全省28.3%的面积，集聚了全省60.68%的地区生产总值，比2015年提高了3个百分点；城镇化率为58.94%，高于全省平均水平10个百分点。滇中城市群已成为推动云南省经济社会实现高质量发展的龙头和引擎。虽然"一区、一带、五群、七廊"的云南省城镇化战略格局基本形成，六大城市（镇）群聚集经济、人口能力明显增强，滇中城市群一体化水平明显提高，但是云南省的城镇体系结构仍然不合理，需要进行长期优化。如2020年，按城区人口排列，位于全省前10名的城市分别是昆明、曲靖、玉溪、蒙自、大理、保山、楚雄、昭通、文山、普洱，而昆明一家独大，城区人口达到406.71万人，超过后面9座城市的人口之和。昭通的市区总人口超过100万，全省第三，可是昭通城区总人口只有32.7万人，还没有保山多，反映出昭通城市建设速度较慢。还有丽江作为著名旅游城市，城区总人口最少，只有19.6万人。

四是城市资源和生态环境承载压力增大。城镇化的不断推进、城区规模的不断扩大、人口规模的持续增长，城市基础设施的负担不断加大，对城市及周边地区的生态环境容量造成严峻考验。在城镇化进程中，水、能源、土地等资源的粗放利用和城市人口的不断增长，已成为制约城市生态、影响城镇居民生活环境质量的重要因素。如城市人均拥有道路面积在不断增加，由2003年的6.5平方米增长到2019年的15平方米，城市建成区绿地率7年间（2013～

2020年）仅上涨了5个百分点。同时，个旧市、易门县和昆明市东川区已成为资源枯竭性地区，过度依赖单一资源的城市发展模式严重影响了生态平衡，制约了经济的可持续发展。

五是城镇化建设未能有效缩小城乡差距。在快速城镇化的同时，云南省长期存在的城乡经济、社会发展不协调问题没有得到明显缓解。虽然根据国际经验，城镇化最终能实现城乡收入趋同，但中国特有的户籍制度和地方政府带有城市倾向的政策未能使城乡差距得到有效控制。

综上，云南省城镇化过程中存在的这些问题，在一定程度上与没有明确新型城镇化建设的核心内涵、没有建立科学合理的目标导向有很大关系。

（三）未来新型城镇化发展面临深刻变化

首先，随着国家乡村振兴战略的推进，农民生活水平的提高，依靠大规模农村剩余劳动力廉价供给推动城镇化快速发展的模式将难以为继。其次，随着资源环境瓶颈制约日益加剧，粗放式利用土地、水、能源等资源推动城镇化快速发展的模式将难以为继。最后，随着城乡居民公共服务差距造成的社会矛盾日益凸显，依靠非均等化公共服务压低社会保障成本推动城镇化快速发展的模式将难以为继。由此看来，中国城镇化发展由速度扩张向质量提升转变势在必行，因此新型城镇化发展的理念和目标也应随之改变，在强调发展速度的同时更应强调发展质量，更加重视人口、产业和空间城镇化的协调发展。

（四）云南省"十四五"时期和2035年城镇化建设目标

云南省"十四五"时期的城镇化建设目标提出：到2025年，常住人口城镇化率达到60%，居民人均可支配收入增长到33280元，城镇化调查失业率小于5.5%，劳动年龄人口平均受教育年限达到12年，每千人拥有医师3人，基本养老保险参保率超过90%，人均预期寿命达到77岁，粮食综合生产能力达1950万吨。划定城市开发边界，防止城市空间无序蔓延，确保全省新增城市建设用地控制在国家下达指标范围内。推进以人为核心的新型城镇化建设，实施城市更新行动，将昆明建成区域性国际中心城市，建设以昆明为核心的1小时都市圈，继续推进六大城市群的建设，加快推动边境城镇带建设，巩固和提升县城在城镇化进程中的基础性地位，就近就地吸引农业转移人口市民化。健全城乡基础设施协调发展机制，健全城乡普惠共享公共服务体系。到2035年基本建成教育强省、人才强省、文化强省、交通强省，基本公共服务实现均等化，城乡区域发展差距和居民生活水平差距显著缩小，全面建成中国民族团结进步示范区，广泛形成绿色生产生活方式，生态保护、环境质量、资源利用等走在全国前列，成为中国生态文明建设排头兵。

三 指标体系构建的基本思路和原则

云南新型城镇化发展指标体系的构建既要借鉴国内外城镇化指标体系的经验成果，反映城镇化发展的一般规律，关注其发展的常态问题，也要契合云南省城镇化自身发展的特点，与云南省"十四五"规划指标相衔接，确保与云南省2035年远景目标导向相一致。云南应坚持新型城镇化以人为本的科学内涵，充分发挥指标体系的目标导向作用，以农业转移人口市民化为核心推进人口城镇化，以城市（镇）群为主体形态优化城市布局推进空间城镇化，以产业和基础设施建设为抓手健全城乡融合发展机制推进产业城镇化，从居民生活、社会保障、城乡统筹、资源环境保护利用等方面提高城镇化发展质量，实现城镇可持续发展。指标体系构建的主要原则包括以下几个方面。

（一）重视质量，兼顾效率

城镇化不仅是人口在空间上的转移，更是生产方式、生活方式和社会观念深刻变革的过程。云南省在新型城镇化过程中，重视农业人口转移速度、产业发展效率以及城市的扩张，强调城市对人口、经济和土地的聚集效率，不重视居民的生活质量、社会保障、城乡公共服务的均等化，导致环境污染严重，自然资源利用粗放，城镇化质量较低。因此，指标体系的构建，应充分反映云南未来城镇化发展的方向和目标，重视城镇化质量，兼顾发展速度。

（二）重视导向，兼顾评价

指标体系的构建，主要目的是针对城镇化中的主要问题，明确城市发展目标，有效引导政府和市场的主体行为，促进城镇化发展模式的转变。在此基础上，将一些政府政策中明确要求达到的指标列为约束性指标，用以评价政府推动城镇化进程的政策绩效。

（三）重视全局，兼顾差异

尽量选择与国家层面一致的评价指标，建立指标体系，以便能够与国家城镇化发展水平相比较，发现云南省与全国城镇化发展水平的差距。同时也要充分考虑云南城镇化发展自身的特点，对指标体系中的部分指标进行适当的调整，以便更好、更客观地评价云南省城镇化发展的水平。

四　指标体系的框架结构

本书参照"城市中国计划"《国家新型城镇化指标体系及若干问题研究》中的城镇化指标体系，结合云南省新型城镇化存在的问题、自身特点以及"十四五"规划和2035年远景目标，对其中的部分城镇化指标进行调整，依据"领域—部门"与目标导向相结合的组织结构，构建了云南省新型城镇化发展指标体系。

（一）指标类型划分

考虑到"十四五"时期云南新型城镇化建设在人口、产业和空间城镇化方面仍然需要加快推进，也要在社会和环境层面实现城镇的可持续发展，因此，应结合一般城镇化的数量指标和可持续发展的质量指标来评价云南新型城镇化发展水平。

（二）指标领域划分

依据国际上构建城镇化指标体系的领域划分，城镇化可持续发展指标一般包括经济、社会和环境。由于城镇化必然涉及农村人口的空间转移和城市本身的空间布局，因此增加人口和空间两个领域，将城镇化指标体系涉及的领域划分为人口、经济、空间、社会和环境五大领域。其中，将人口、经济和空间三大领域作为城镇化数量指标类型，而将社会和环境列为城镇化质量型指标。人口领域只包括人口转移一个子领域，经济领域包括经济建设和基础设施两个子领域，以突出基础设施在城市经济发展中的重要作用。空间领域包括空间布局子领域。社会发展领域划分为居民生活、社会保障和城乡统筹三个子领域。环境领域仅包括资源环境子领域。

指标体系的组织结构如图 5-1 所示。

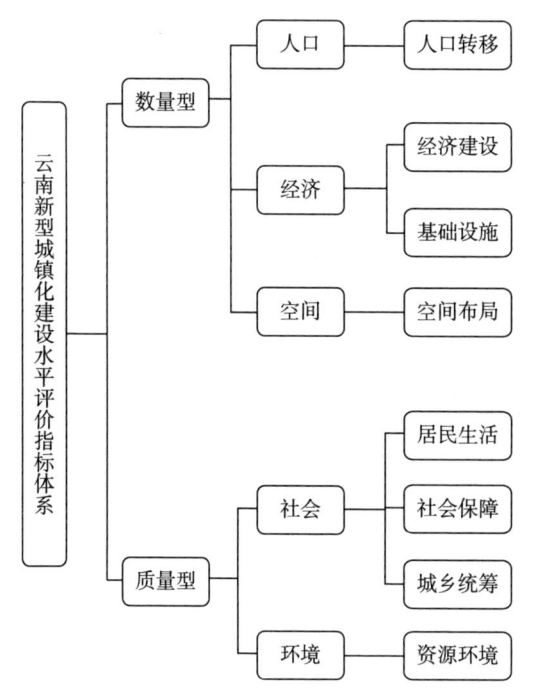

图 5-1 云南新型城镇化建设水平评价指标体系结构

（三）基于目标导向的具体指标选择

指标领域的划分主要突出了清晰的体系构建思路，使指标体系便于理解，而具体指标的选取主要突出目标导向，将具体指标与云南省"十四五"规划中的新型城镇化发展目标结合起来，立足云南省基本省情，突出云南城镇化的特点，考虑指标的代表性和数据的可获取性，选择合适的指标构建可测算的云南新型城镇化建设水平评价指标体系（见表 5-2）。

表 5-2 云南新型城镇化建设水平评价指标体系

基本领域	领域具体划分	入选指标	指标解释	目标导向	入选指标依据
人口	人口转移	常住人口城镇化率（%）	城镇人口在总人口中的比例，是衡量经济发展水平和现代化程度的关键指标	提高城镇化水平	云南"十四五"规划
		户籍人口城镇化率（%）	城镇户籍人口在总人口中的比例	降低户籍门槛，促进农业转移人口市民化	《云南新型城镇化规划（2014—2020年）》
		非农产业就业人员在就业人员中的比重（%）	从事二、三产业人员在全社会就业人员总量中的比例，是衡量经济结构和就业结构是否合理的重要指标	提高就业非农化水平	王瑞鹏、郭宁（2012）
		城镇就业人数在就业总人数中比重（%）	城镇就业人员在全社会就业人员总量中的比例	增强城镇吸纳就业能力	王博宇等（2013）
		城镇净增就业人数（万人）	目期期末城镇就业人员与期初城镇就业人员之差，是衡量城镇经济发展效率和吸纳就业的重要指标	提高城市的经济吸纳就业能力	城市中国计划（2016）
经济	经济建设	非农产业增加值在GDP中的比重（%）	非农产业增加值在总GDP中的百分比，是衡量产业层次的关键指标	优化产业结构	李燕娜（2020）
		三次产业效率（元/人）	每个劳动力创造的经济增加值，水平和集中度的关键指标	提高产业效率	城市中国计划（2016）

146

续表

基本领域	领域具体划分	入选指标	指标解释	目标导向	入选指标依据
经济	基础设施	城镇建成区面积（平方千米）	城市、县城和建制镇建成区面积之和，是衡量城镇建设用地情况的核心指标	推动城镇建设	韩爱华等（2017）
		城镇建成区人口密度（人/千米²）	建成区人口与城镇建成区面积之比，国际经验一般维持在每平方千米8000人较合适	促进城市空间合理利用	戴为民等（2012）
		城镇人口增速与城镇建成区面积增速比	城镇人口增速与城镇建成区面积增速之比，趋向于1	促进土地集约利用	城市中国计划（2016）
		城市人均道路面积（平方米）	城区内平均每人拥有的道路面积，是衡量城市政公共设施建设水平的重要指标	促进城市交通基础设施建设	朱洪祥等（2011）
空间	空间布局	城市人口集中度（%）	城市人口在全省城镇人口中的比例，是衡量人口规模的核心指标	优化城镇体系、促进城市群建设	云南"十四五"规划、城市中国计划（2016）
		城市经济集中度（%）	城市建成区面积在全省城镇建成区中的比例，是衡量城市空间集约用地集聚和集聚程度的核心指标		
		城市建设用地集中度（%）	城市地区GDP在全省GDP中的比例，是衡量城市集聚经济规模的核心指标		

续表

基本领域	领域具体划分	入选指标	指标解释	目标导向	入选指标依据
社会	居民生活	城镇居民人均可支配收入（元）	城镇居民家庭可用来自由支配的收入，反映了城镇人口平均可支配收入水平	提高城镇居民收入	吕丹等（2014）
		人均住房面积（平方米）	城镇家庭成员平均每人可使用的住房面积，反映了城镇居民住房条件改善状况	完善城镇住房供应	韩爱华等（2017）
		每十万人口高中阶段学校平均在校生数（人）	全省平均每十万人口中处于高中教育阶段的在校学生数，反映了居民受教育水平的提高情况	提高城镇居民教育水平	王冬年等（2016）
		人均科技与教育支出（元）	每年地方财政科学和教育经费支出与同年末城镇总人口之比	提高城镇居民文明水平	蓝庆新等（2017）
		城镇居民每万人医院（卫生院）床位数量（张）	城市、县城、乡镇医院（卫生院）床位数与每万人城镇人口的比值	改善城镇居民医疗条件	廖中举、张志英（2020）
		城镇登记失业率（%）	城镇登记失业人数同城镇从业人数与城镇登记失业人数之和的百分比	稳定就业	郑蕊等（2017）
	社会保障	参加城镇职工基本养老保险的人数（万人）	城镇职工基本养老保险年末参保人数	增强城镇居民养老保障	廖中举、张志英（2020）

第五章 云南省新型城镇化建设水平评价

续表

基本领域	领域具体划分	入选指标	指标解释	目标导向	入选指标依据
社会	社会保障	参加城镇职工基本医疗保险的人数（万人）	城镇职工基本医疗保险年末参保人数	增强城镇居民医疗保障	闵忠荣等（2016）
		参加城镇失业保险的人数（万人）	城镇失业保险年末参保人数	增强城镇居民就业保障	夏南凯、程上（2014）
		城镇每万人拥有的社会服务机构床位数量（张）	提供住宿的社会服务机构拥有的床位数与每万人城镇人口的比值	提高城镇居民社会服务水平	闵忠荣等（2016）
		城镇居民每万人拥有医务人员数量（人）	城市、县城、乡镇医院拥有的医疗机构服务人员与每万人城镇人口的比值	提高城镇居民医疗服务水平	余江、叶林（2018）
	城乡统筹	城乡居民收入比	城镇失农村居民的人均可支配收入之比，可衡量城乡收入差距		李红燕、邓水兰（2017）
		城乡居民每万人拥有医务人员数量比	每万人城镇和农村居民拥有的医务人员数量之比，可衡量农村医疗卫生条件的改善状况	推进城乡公共服务一体化	李明秋、郎学彬（2010）
		城乡人均教育经费比	义务教育阶段城市与农村居民人均教育经费之比，可衡量农村教育条件的改善状况		吕丹等（2014）

149

续表

基本领域	领域具体划分	入选指标	指标解释	目标导向	入选指标依据
	资源环境	单位GDP能耗（吨标准煤/万元）	每万元GDP消耗的能源数量	促进能源节约利用	刘春雨等（2019）
		空气综合污染指数（毫克/米³）	六种污染物污染程度，空气质量综合指数值越大表明综合污染程度越重	改善城镇空气质量和人居环境	戚晓旭等（2014）
		城市人均日生活用水量（升）	城区居民年生活用水量与城区居民年末总人口之比，再除以365日	促进水资源集约利用	谭鑫（2015）
		城市建成区绿化覆盖率（%）	城市建成区绿化覆盖面积与城市建成区面积之比，可衡量城市人居环境建设水平	改善城市空气质量，美化城市景观	余江、叶林（2018）
		公共交通客运总量（万人次）	一年内，全各种公共交通运输工具实际运送的旅客数量，反映公共交通为人民生活服务的指标	缓解交通拥堵，减少环境污染	李红燕、邓水兰（2017）
		国家级传统村落数量（个）	获得国家级传统村落称号的累计村落数量	推进沿边和少数民族城镇村寨发展	《云南省新型城镇化规划（2014—2020年）》
		历史文化名城名镇名村名街数量（个）	获得国家和省级历史文化名城名镇名村名街认证的累计城市城镇村街数量	加强城镇特色建设	

150

五　指标数据的获取

（一）通过数据平台获取

基于知网的中国经济社会大数据研究平台，获取云南省新型城镇化建设水平各指标的年度数据，主要获取2002～2020年的相关年度统计数据和专题数据。

（二）通过各类统计年鉴获取

由于在以上大数据研究平台上不能获得完整的年度指标数据，依据已有年度指标数据的来源，可从相关年鉴中获取。主要查找的年鉴包括《云南统计年鉴》（2002～2021年）、《中国统计年鉴》（2002～2021年）、《中国卫生健康统计年鉴》（2003～2021年）、《中国农村统计年鉴》（2002～2021年）、《中国教育统计年鉴》（2002～2020年）、《中国城市统计年鉴》（2002～2021年）等。

（三）通过相关政府网站和研究文献获取

首先，从云南省政府及其各部门网站搜索年度统计公告和官方报道，从中获取所需指标数据；其次，通过网络搜索引擎进行指标数据查找，对获取的指标数据利用大数据平台或年鉴数据进行验真；最后，基于CNKI数据库查找相关文献中所提供的实证数据来获取所需指标数据。

第二节　云南省人口城镇化建设水平分析

一　常住人口城镇化

（一）云南省常住人口城镇化率

2002～2020年，云南省常住人口由4333万人增长到4721

万人，年均增长21.56万人，城镇常住人口由1127万人增长到2363万人，呈现平稳上升趋势（见图5－2）。第七次全国人口普查统计结果显示，云南2020年城镇人口较2019年下降了13万人，城镇和农村常住人口大致相等，分别为2363万人和2358万人。自2002年开始，云南常住人口城镇化率呈现逐年稳步上升趋势，在2020年达到50.05%，完成了2014年提出的新型城镇化建设人口转移目标，但是与全国63.90%的城镇化水平相比，仍然存在较大差距。

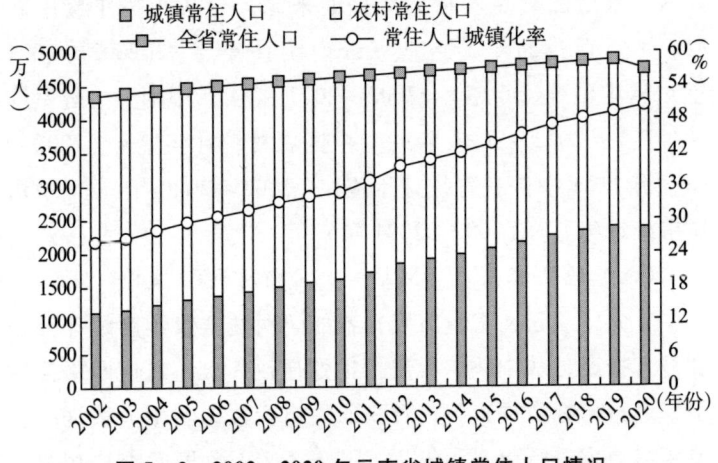

图5－2 2002~2020年云南省城镇常住人口情况

从2002年开始新型城镇化建设至2020年，云南常住人口城镇化率提高了近1倍（见表5－3），由"十五"末的29.5%提高到"十一五"末的34.7%，"十二五"末较"十一五"末提高了8.63个百分点，"十三五"末较"十二五"末提高了6.72个百分点。由此可见，云南省常住人口城镇化率增速呈现先增后减的"倒U"形变化趋势，可预计"十四五"时期常住人口城镇化率将持续增长，但增长速率将下降，表明云南省的城镇化建设开始转向城镇化质量提升阶段，更加注重"以人为本"的城镇化建设。

表 5-3　云南省"十五"到"十三五"期间常住人口城镇化率和城镇常住人口变动情况

单位：%，万人

	2002 年	2003 年	2005 年	2010 年	2015 年	2020 年
常住人口城镇化率	26.01	26.60	29.5	34.7	43.33	50.05
城镇常住人口	1127	1164	1313	1602	2055	2363

（二）各州市常住人口城镇化率

2008~2020年，云南16个州市的常住人口城镇化率整体呈上升的趋势，其中昆明市在"十一五"、"十二五"和"十三五"期末均处于16个州市之首，且超过全国60%的平均水平（见表5-4）。从2020年的常住人口城镇化率来看，超过全省50.05%平均水平的州市分别是昆明、玉溪和怒江，其余13个州市均低于全省常住人口城镇化水平，其中，昭通、文山、保山、临沧、迪庆均低于40%，发展较为滞后，"十四五"时期需重点加强农村人口转移工作。另外，昭通作为云南省与内陆省市接壤的州市，人口城镇化率还低于边境州市普洱市，其亟须加快推进农村人口转移工作。

表 5-4　云南省 16 个州市 2008~2020 年常住人口城镇化率

单位：%

	2008 年	2010 年	2015 年	2020 年
昆明	60.43	63.59	84.18	79.68
玉溪	35.68	37.77	47.08	53.82
怒江	20.08	21.50	28.23	52.44
曲靖	32.77	35.45	44.58	49.03

续表

	2008 年	2010 年	2015 年	2020 年
德宏	32.15	34.21	41.66	48.94
红河	34.18	35.24	42.97	47.70
丽江	26.86	27.29	35.63	47.65
西双版纳	36.17	35.78	43.38	47.09
楚雄	29.74	31.48	40.44	44.81
大理	29.14	31.85	42.21	42.87
普洱	29.14	30.25	38.85	40.54
昭通	18.79	20.44	29.19	39.52
文山	25.83	27.54	37.18	37.20
保山	24.11	22.31	32.00	35.09
临沧	28.17	29.07	36.87	35.08
迪庆	23.08	24.46	31.13	31.19
全省	33.00	34.84	43.33	50.05

从有边境线的 8 个州市来看，西双版纳的常住人口城镇化率在"十一五"和"十二五"期末均处于 8 个州市之首（见表 5-5）。从 2020 年的常住人口城镇化率来看，超过全省 50.05% 水平的州市仅有怒江，其余 7 个州市均低于全省人口城镇化水平，其中文山、保山和临沧均低于 40%，发展较为滞后，作为经济欠发达地区，"十四五"时期它们亟须重点加强农村人口转移工作。

表 5-5 云南沿边 8 个州市 2008~2020 年常住人口城镇化率

单位：%

	2008 年	2010 年	2015 年	2020 年
怒江	20.08	21.50	28.23	52.44

续表

	2008 年	2010 年	2015 年	2020 年
德宏	32.15	34.21	41.66	48.94
红河	34.18	35.24	42.97	47.70
西双版纳	36.17	35.78	43.38	47.09
普洱	29.14	30.25	38.85	40.54
文山	25.83	27.54	37.18	37.20
保山	24.11	22.31	32.00	35.09
临沧	28.17	29.07	36.87	35.08
全省	33.00	34.84	43.33	50.05

二 户籍人口城镇化

由于中国特殊的人口户籍制度，户籍人口城镇化率能够更好地反映农业转移人口在城镇落户的情况。如图 5-3 所示，2002~2020 年，云南省户籍人口城镇化率从 16.08% 上升至 37.06%，提高了近 21 个百分点，城镇户籍人口由 666 万人增至 1781 万人，增长了近 1.7 倍。随着城镇户籍人口的增加，农村户籍人口逐年下降，至 2020 年末，农村户籍人口为 3024 万人，是城镇户籍人口的 1.7 倍。国家"十二五"规划纲要明确提出，要把将符合落户条件的农业转移人口逐步转变为城镇居民作为推进城镇化的重要任务，云南省户籍人口城镇化率由 2010 年的 16.56% 跃升至 2015 年的 31.30%。

云南省城镇户籍人口"十一五"末较"十五"末仅提高了 6.8%，"十二五"末获得了飞速发展，较"十一五"末提高了 94%，"十三五"末较"十二五"末提高了 22.4%。自

图 5-3 2002~2020 年云南省户籍人口情况

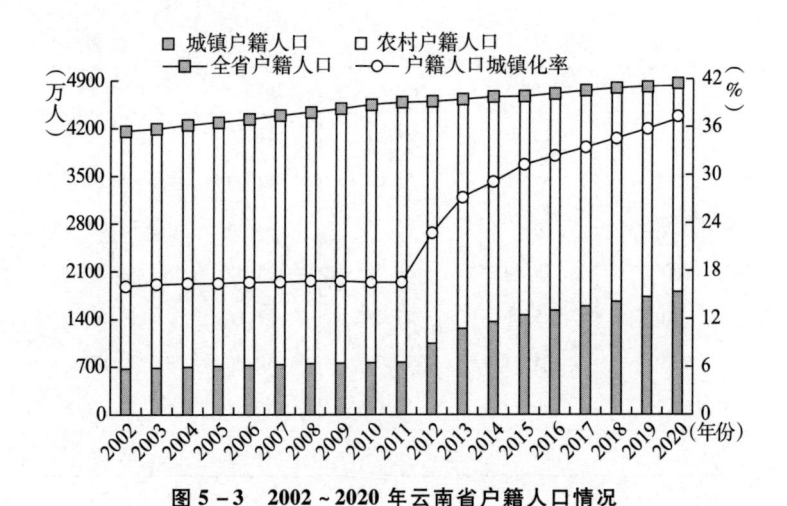

云南省 2014 年实施《云南省新型城镇化规划（2014—2020年）》以来，云南户籍人口城镇化率由 2013 年的 27.24% 提升至 2020 年的 37.06%，提高了近 10 个百分点，城镇户籍人口由 1254 万人增加至 1781 万人，新增 527 万农业转移人口和其他常住人口在城镇落户，超额完成了规划的既定目标（见表 5-6）。

表 5-6 云南省"十五"到"十三五"期间户籍人口变动情况

单位：%，万人

	2002 年	2003 年	2005 年	2010 年	2013 年	2015 年	2020 年
户籍人口城镇化率	16.08	16.32	16.44	16.56	27.24	31.30	37.06
城镇户籍人口	666	682	702	750	1254	1455	1781

2002~2020 年，云南户籍人口城镇化率与常住人口城镇化率的差距呈现"先扩大后缩小"的变化规律，两者差距在 2011 年达到最大。2013 年两者差距 13.24 个百分点，2020 年两者差距 12.99 个百分点，2013 年与 2020 年相比差距缩小

了 0.25 个百分点，未达到《云南省新型城镇化规划（2014—2020 年）》中缩小 1~2 个百分点的目标（见图 5-4）。

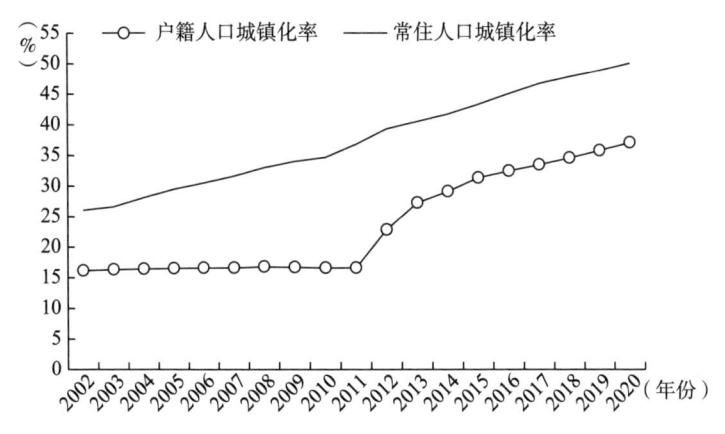

图 5-4　2002~2020 年云南省常住人口与户籍人口城镇化率

三　就业非农化水平

农业转移人口进入非农产业就业，是实现农业转移人口落户城镇的重要途径。非农产业就业人数占比的提高，有助于提高城镇人口的数量，加快推进人口城镇化建设水平。2002~2020 年，全省就业总人数、非农产业就业人数及其占比整体呈现上升的趋势，而农业产业就业人数呈现逐年下降趋势（见图 5-5），具体情况如下：全省就业人员总数由 2341 万人增加到 2806 万人；非农产业就业人数由 625 万人上升至 1580 万人，增长了 1.5 倍；农业产业就业人数由 1716 万人下降至 1226 万人，下降了 28.55%；非农产业就业人数占比由 2002 年的 26.72% 上升至 2020 年的 56.31%。

云南非农产业就业人数占比，2005 年底较 2002 年底增加了 3.84 个百分点，"十一五"末较"十五"末增加了

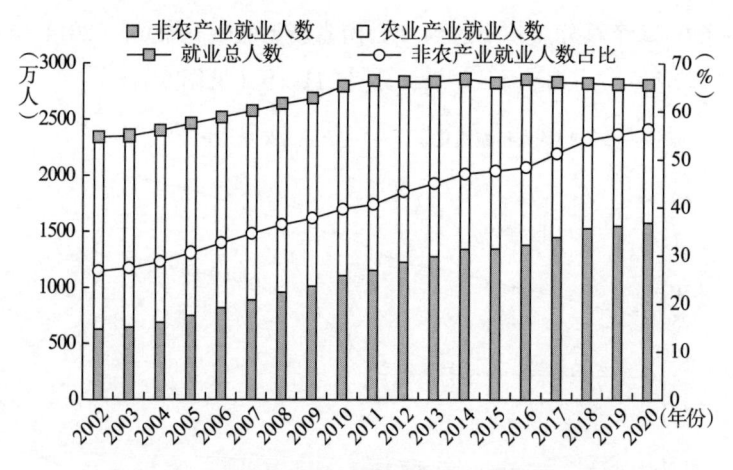

图 5-5 2002~2020 年云南省非农业产业就业情况

9.04个百分点,"十二五"末较"十一五"末增加了8.03个百分点,"十三五"末较"十二五"末增加了8.68个百分点,占比增速先增后减(见表5-7)。随着新型城镇化的推进,预计"十四五"时期云南非农产业就业人数占比将会继续上升,但增速将放缓。

表 5-7 云南省"十五"到"十三五"期间的非农产业就业人数变动情况

	2002 年	2003 年	2005 年	2010 年	2015 年	2020 年
非农产业就业人数(万人)	626	644	752	1106	1345	1580
非农产业就业人数占比(%)	26.72	27.37	30.56	39.60	47.63	56.31

第三节 云南省城镇经济建设水平分析

关于云南省城镇经济建设水平,本书将分别从城镇产业支撑能力、城镇经济吸纳能力、城镇产业结构、城镇产业效率和城镇基础设施建设五个方面进行分析。

一 城镇产业支撑能力

总体来看，2002~2020年，云南省城乡总就业人数增长缓慢，城镇就业人数平稳增长，乡村就业人数远超过城镇就业人数。2020年，城镇就业人数占比达到46%（见图5-6）。农村就业人数超过城镇就业人数，反映出云南省的产业结构以第一产业为主，第二、第三产业的支撑能力较弱。

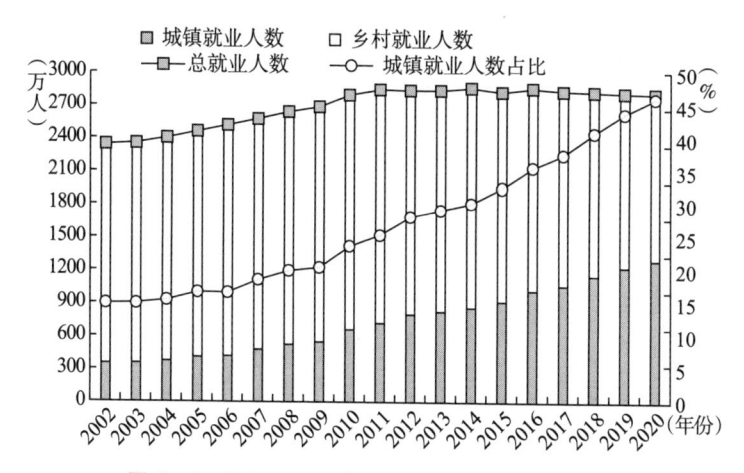

图5-6 2002~2020年云南省城乡就业人员情况

从"十五"末到"十一五"末到"十二五"末再到"十三五"末，城镇就业人数占比分别为16.67%、23.66%、32.51%和46.04%，城镇就业人数增速呈现先快后慢趋势（见表5-8）。因此，"十四五"时期，云南需推动城镇第二、第三产业发展，吸引乡村人员到城镇就业，扩大城镇就业人数，提升城镇产业支撑能力。

表5-8 云南省"十五"到"十三五"期间城镇就业人数变动情况

	2002年	2005年	2010年	2015年	2020年
城镇就业人数（万人）	351	410	661	918	1292
城镇就业人数在就业总人数中的比重（%）	14.97	16.67	23.66	32.51	46.04

云南城镇新增就业人数整体呈上升趋势，2020年较2019年出现下降，可能是受到新冠肺炎疫情影响。图5-7的统计结果说明，云南城镇产业发展创造了更多就业岗位，吸引了更多的就业人员，为产业进一步发展提供了人力资本支撑。

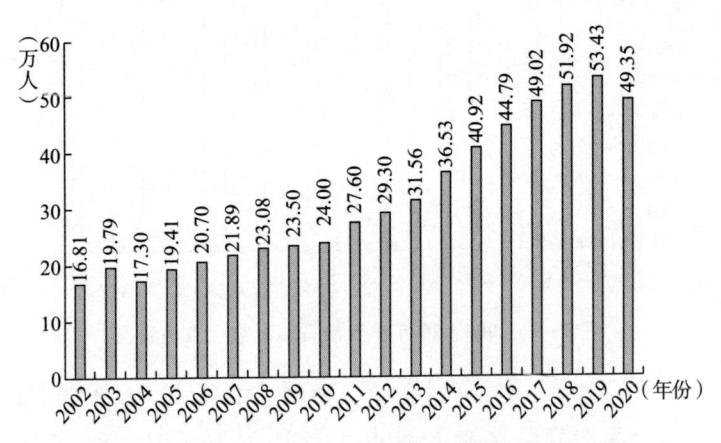

图5-7 2002~2020年云南省城镇新增就业人数情况

二 城镇经济吸纳能力

城镇净增就业人数反映了城镇对就业人员的吸引力和城镇的经济吸纳能力。2003~2020年，云南省城镇净增就业人数平均值为52.30万人，其中有9年的净增就业人数超过平均值，还有9年未超过（见图5-8）。从城镇净增就业人数来看，人数变化波动较大，未呈现周期性规律，反映出云南现有城镇产业的经济吸纳能力并不稳定，城镇产业对于就业人员缺少足够的吸引力。

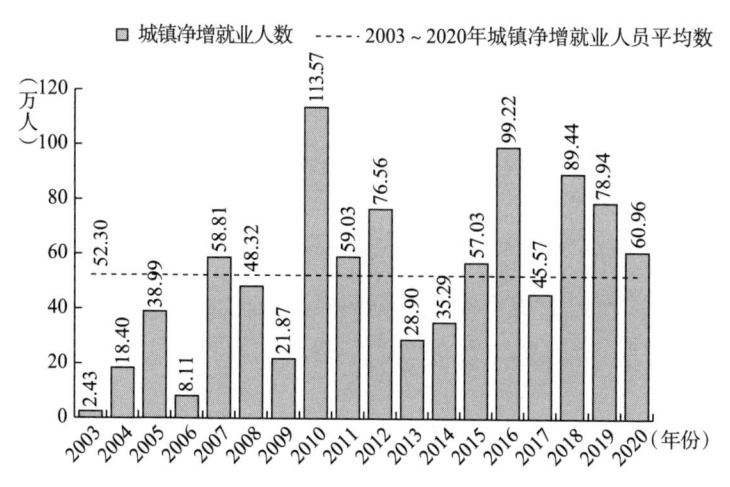

图5-8 2003~2020年云南省城镇净增就业人数

三 城镇产业结构

（一）云南省非农产业的发展状况

2002~2020年，云南省地区生产总值不断上升，全省非农产业产值远高于第一产业产值，非农产业产值占比在2019年达到最大值86.92%，2020年下降为85.32%，相比于国家92%以上的非农产业产值占比，还存在约7个百分点的差距（见图5-9）。

从"十五"末到"十一五"末到"十二五"末再到"十三五"末，非农产业产值占比分别是80.89%、84.63%、

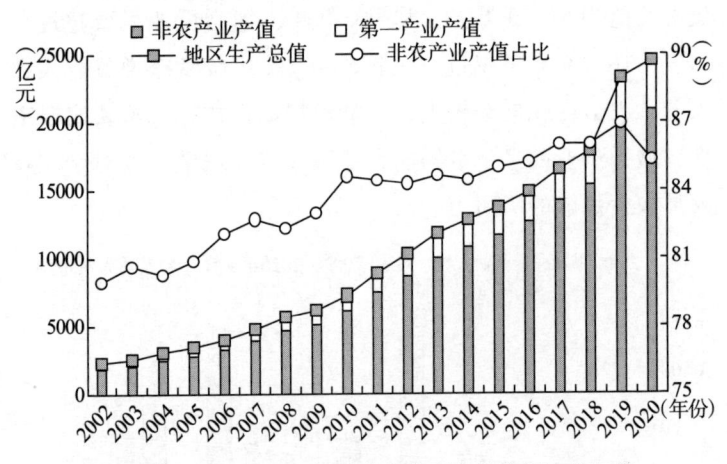

图 5-9 2002~2020 年云南省非农产业的经济增加值

85.01%和85.32%，非农产业产值的增速放缓，反映出城镇产业的结构亟待调整和优化（见表5-9）。

表5-9 云南省"十五"到"十三五"期间
非农产业产值变动情况

单位：亿元，%

	2002年	2003年	2005年	2010年	2015年	2020年
非农产业产值	1849.38	2061.42	2801.04	6137.35	11662.17	20922.99
非农产业产值占比	79.96	80.65	80.89	84.63	85.01	85.32

（二）各州市非农产业的发展状况

2003年，非农产业产值占比超过全省水平的州市只有昆明、玉溪。2005年，非农产业产值占比超过全省水平的州市有昆明、玉溪、迪庆、红河、怒江。2010年，非农产业产值占比超过全省水平的州市有昆明、玉溪、迪庆、怒江。2015年，非农产业产值占比超过全省水平的州市有昆明、玉溪、迪庆。2020年，非农产业产值占比超过全省水平的州市有昆明、玉溪、迪庆、红河、怒江（见表5-10）。由此可见，云南省非农产业产值形成了以昆明和玉溪为中心，向沿边州市辐射衰减的态势。其中迪庆和怒江依托旅游业和矿产业，提高了非农产业产值占比。

表5-10 云南省16州市2002~2020年非农产业产值占比情况

单位：%

	2002年	2003年	2005年	2010年	2015年	2020年
昆明市	91.72	92.05	92.84	94.54	94.34	95.36
迪庆州	71.43	69.48	81.07	90.73	93.34	93.08
玉溪市	89.09	89.16	88.33	90.55	89.83	89.93
红河州	78.04	79.70	81.40	83.95	83.46	85.74
怒江州	75.38	75.39	81.02	87.89	83.39	85.46
丽江市	73.17	73.90	76.25	81.91	84.61	84.88
昭通市	70.48	70.75	71.89	80.39	80.15	82.45
曲靖市	77.32	78.02	80.13	81.75	79.57	81.30
楚雄州	71.55	72.04	73.75	77.57	79.97	80.91
文山州	66.59	66.99	67.96	77.84	78.14	79.64
德宏州	68.23	66.70	66.92	73.52	74.88	79.08
大理州	67.97	68.83	70.99	77.02	78.51	77.16
西双版纳州	64.63	62.23	64.23	72.67	74.53	77.12
保山市	61.16	62.77	64.04	69.74	74.28	76.89
普洱市	68.92	67.91	66.46	70.31	72.15	75.13
临沧市	59.85	61.05	62.69	67.06	71.05	70.49
全省	79.96	80.65	80.89	84.63	85.01	85.32

四 城镇产业效率

2001年，云南省地区生产总值为2159亿元，以此为基数，计算2002~2020年云南省地区生产总值的增加值，对应除以每年的总就业人数，得到三次产业的效率。从图5-10中可以看出，三次产业效率最低为2002年的657元/人，最高为2019年的19000元/人，是2003年的18倍。2002~2005年的三次产业平均效率为1357元/人，2006~2010年的三次产业平均效率为2854元/人，2011~2015年的三次产业平均效率为4555元/人，2016~2020年的三次产业平均效率为7663元/人。从"十一五"到"十三五"的三个五年规划期间，三次产业效率呈现不断上升的趋势，且增速加快，反映了城镇产业效率的快速增长。

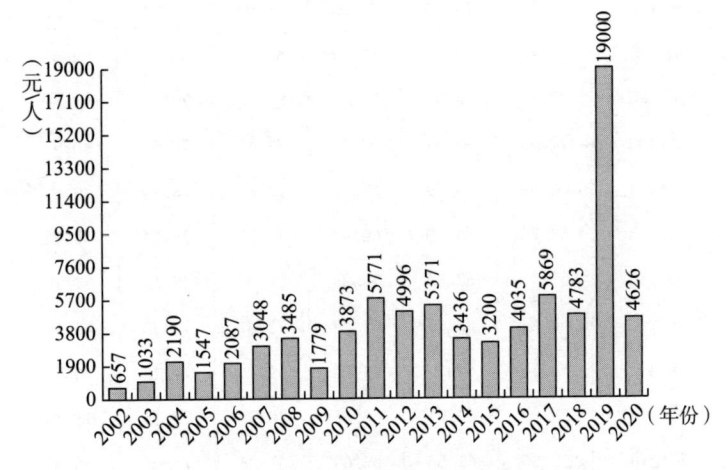

图5-10 2002~2020年云南省三次产业效率
（以2001年为基数）

五 城镇基础设施建设

(一)城镇建成区面积

2006~2020年,云南省城镇建成区面积呈现不断扩张趋势,到2020年达到2780.17平方千米。"十一五"期间,城镇建成区面积扩张了253.52平方千米;"十二五"期间,扩张了近600平方千米;"十三五"期间,扩张了278.77平方千米。扩张速度先快后慢,扩张进入减速时期。2007~2019年,城市建成区面积均大于县城和建制镇建成区面积,反映了城镇基础设施建设优先保障城市的现象。而2014年后,建制镇建成区面积超过县城,反映了云南省特色小城镇建设取得初步成效。

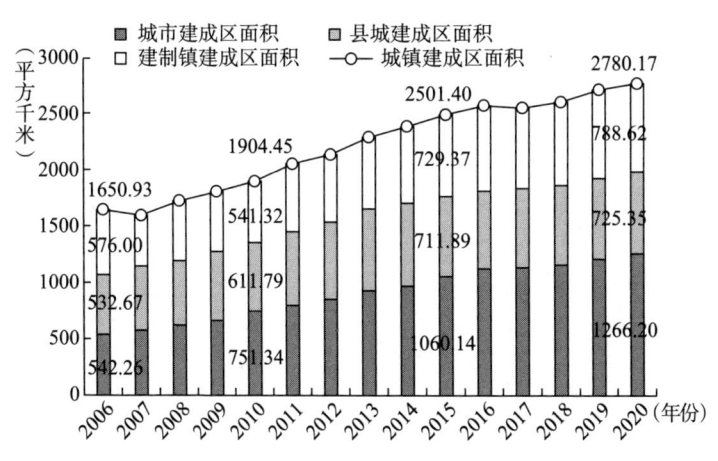

图5-11 2006~2020年云南省城镇建成区面积情况

按2020年城镇建成区面积逆向排序,16个州市的排名如表5-11所示。城镇建成区面积在50平方千米及以下的州市有迪庆、怒江,50~100平方千米的有丽江、保山、普洱、玉溪、临沧、德宏、西双版纳,100~150平方千米的有昭通、大理、楚雄和文山，150~200平方千米的有红河，200平方千米及以上的有昆明和曲靖。2006~2020年，城镇建成区扩张速度最快的五个州市分别是西双版纳、昭通、保山、楚雄和昆明，扩张速度最慢的五个州市分别是普洱、怒江、玉溪、德宏、大理。

表5-11 云南省16个州市城镇建成区面积扩张情况
（2006~2020年）

单位：平方千米，倍

	2006年	2010年	2015年	2020年	扩张倍数（2020年与2006年相比）
昆明	291.49	366.77	530.92	586.97	2.01
曲靖	115.81	159.16	196.71	230.00	1.99
红河	105.54	121.09	145.57	170.66	1.62
昭通	64.28	78.85	113.00	131.88	2.05
大理	75.73	87.64	103.35	122.11	1.61
楚雄	53.20	81.02	95.00	107.97	2.03
文山	52.41	61.35	91.36	104.91	2.00
保山	45.12	57.54	80.20	94.27	2.09
普洱	70.21	61.86	74.73	77.86	1.11
临沧	38.44	51.86	65.57	75.61	1.97
玉溪	53.16	60.34	71.97	74.60	1.40
德宏	45.50	56.02	63.68	69.98	1.54
丽江	30.26	35.50	45.32	51.30	1.70
西双版纳	3.50	35.85	40.51	50.92	14.55
迪庆	14.67	27.87	37.83	24.79	1.69
怒江	15.61	20.69	16.31	17.76	1.14

以2020年16个州市城镇建成区平均面积124.47平方千

米为基准,对 16 个州市基础设施建设水平进行划分,发现昆明、曲靖、红河和昭通的城镇基础设施建设水平处于全省领先地位(见图 5-12)。

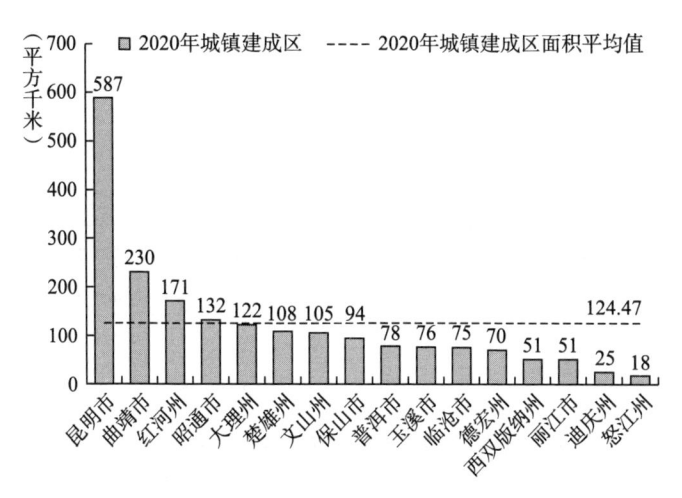

图 5-12 2020 年云南省 16 个州市城镇建成区差距

(二)城镇建成区人口密度

2006~2020 年,云南省城镇建成区人口密度呈现下降趋势,2020 年末城镇建成区人口密度下降至 6690 人/千米^2,远低于国际上 8000 人/千米^2 的适宜标准,说明云南省城镇的空间利用效率在不断下降(见图 5-13)。云南省 2006~2012 年的城镇建成区人口密度较为合适,集中在 8000 人/千米^2 左右,而 2012 年后,城镇建成区人口密度持续下降,反映了云南省城镇已有基础设施无法承载更多的人口。

从 2020 年各州市的人口密度数据来分析(见表 5-12),人口超载的城市有怒江、玉溪和昆明,人口密度相对较为适宜的是昭通,其余州市人口密度与国际标准相差较大,城镇空间利用率低,尤其是沿边州市人口密度更低,如德宏、迪

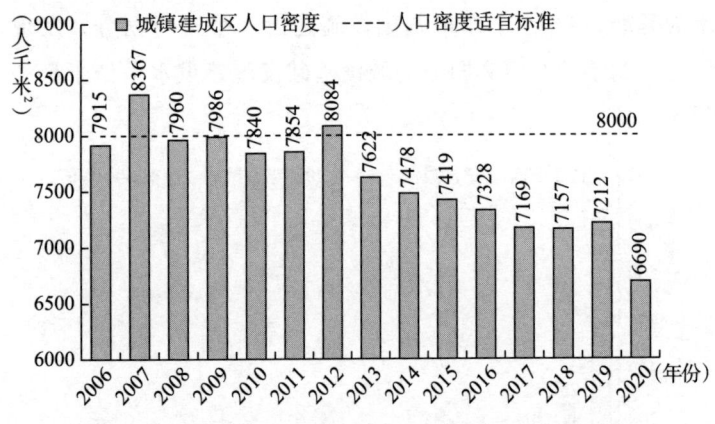

图 5–13　2006~2020 年云南省城镇建成区人口密度

庆和西双版纳。

表 5–12　云南省 16 个州市城镇建成区人口密度（2006~2020 年）

单位：人/千米²

	2006 年	2010 年	2015 年	2020 年	2020 年人口密度与国际适宜标准间的差值
玉溪	7643	8326	7909	8725	725
怒江	4728	3741	5610	8575	575
昆明	9425	7952	8647	8085	85
昭通	10758	9133	8234	7981	-19
临沧	8486	9323	9460	7852	-148
红河	7947	7679	8213	7664	-336
保山	7544	6799	7711	7525	-475
曲靖	8735	8938	8005	7405	-595
普洱	6090	7832	7079	6907	-1093
大理	8439	7657	6865	6725	-1275
楚雄	7974	6902	6548	6628	-1372

续表

	2006 年	2010 年	2015 年	2020 年	2020 年人口密度与国际适宜标准间的差值
丽江	18658	6194	4936	6579	-1421
文山	7544	8096	6173	6115	-1885
德宏	5453	5130	4918	5316	-2684
迪庆	4145	3297	2604	4449	-3551
西双版纳	9457	4824	4947	4389	-3611
全省	7915	7840	7419	6690	-1310

（三）城镇建设土地的集约利用

城镇人口增速与城镇建成区面积增速的比率绝对值可以衡量城镇建设土地的集约利用效率，增速比率趋向于1为理想状态。云南省从"十一五"到"十三五"建设期内，每一期表现出不同的特征（见图5-14）。"十一五"期间，以土地城镇化为主，注重扩大城镇建设规模，只在2006年和2007年城镇人口增速超过城镇建成区面积增速，2007年城镇建设面积负增长。"十二五"期间，人口城镇化和土地城镇化并重，两者的增速比率在2015年达到较优。"十三五"期间，以人口城镇化为主，大力提高城镇人口比率，2017年城镇建成区面积负增长，城镇化人口增长速度是城镇建成区面积增长速度的4.87倍。到2020年，城镇人口增速出现负增长，两者的增速比达到最小值，土地城镇化有急速扩展的倾向。

（四）城市人均道路面积

2002~2020年，云南省城市人均拥有道路面积由5.90平方米上升到16.62平方米，增长了1.82倍，反映了城市

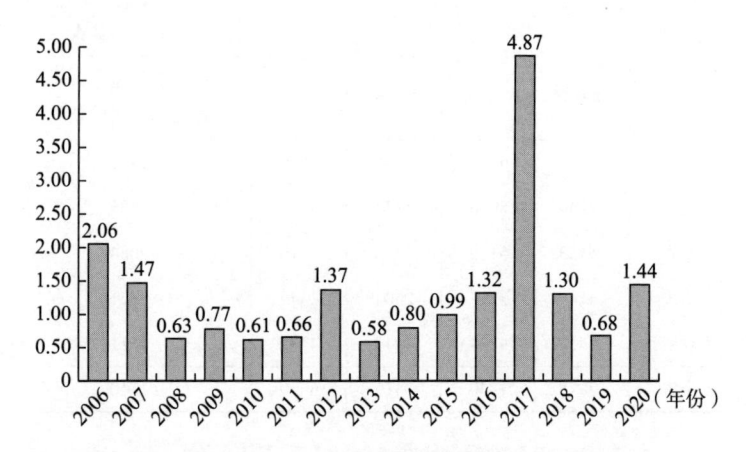

图 5-14　2006~2020 年云南省城镇人口增速与建成区面积增速的比率

交通基础设施的不断完善（见图 5-15）。"十五"末、"十一五"末、"十二五"末、"十三五"末，城市人均道路面积分别为 7.12 平方米、10.90 平方米、14.23 平方米和 16.62 平方米，低于 2020 年全国 18.04 平方米的平均水平，且增速放缓，这可能是城镇建设规模扩张速度减慢所致。

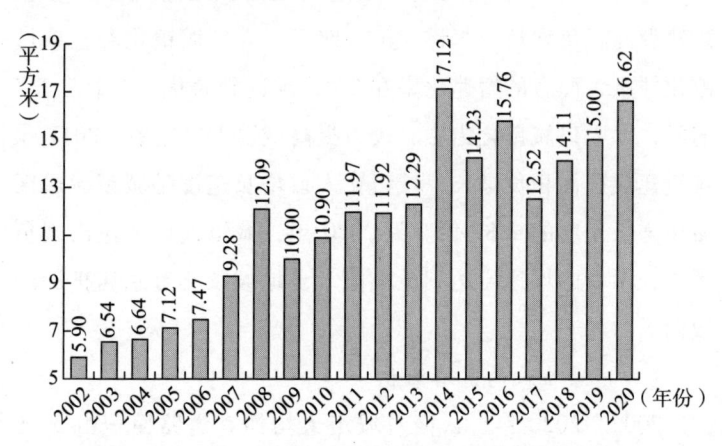

图 5-15　2002~2020 年云南省城市人均拥有道路面积

第五章　云南省新型城镇化建设水平评价

（五）全省公路网密度

云南处于横断山区，全省运输方式以公路为主，公路成为连接城市、县城和乡镇的主要通路。2002~2020年，全省公路网密度由0.418千米/千米^{2}上升为0.741千米/千米^2，稳定增长，增长了近1倍（见图5-16）。然而，全省公路总量仍不足，高速公路路网密度仅为东部发达地区的50%左右，尚有19个县未通高速公路，四级及以上等级公路比重低于全国平均水平。路网区域发展不平衡，呈现"东密西疏"现象，高等级公路主要分布在滇中和滇东地区，滇西和沿边地区的公路规模、密度都落后于滇中和滇东地区，沿边地区公路成线不成网，县域间高速公路互联互通水平不高。总体来看，云南省城镇化建设中的公路运输基础设施供给不足。

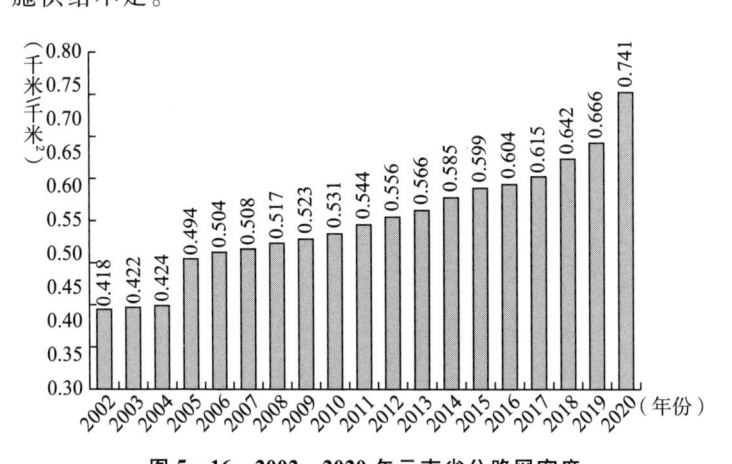

图5-16　2002~2020年云南省公路网密度

（六）城市每万人拥有公共交通车辆数

2002~2020年，全省城市每万人拥有的公共交通车辆数由9.20标台上升为12.22标台，增长缓慢，且低于全国

2020年17.03标台的平均水平。云南省城市的公共交通设施供给严重不足,发展迟滞(见图5-17)。

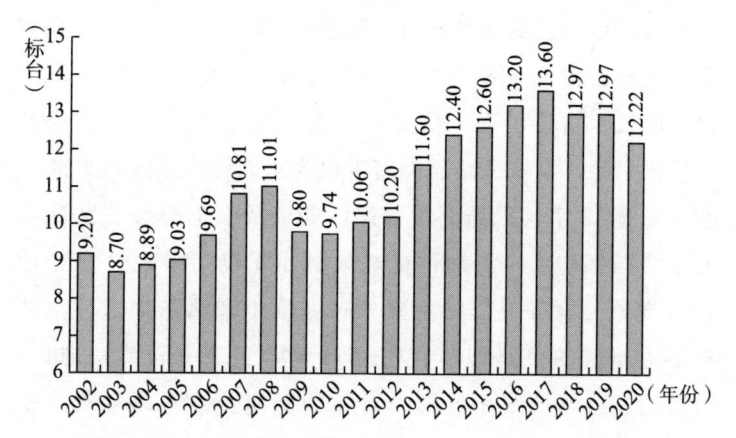

图5-17 2002~2020年云南省城市每万人拥有公共交通车辆数

(七)邮政营业网点数量

邮政是连接农村和城镇的重要物流平台。2002~2011年,云南省邮政营业网点数量未呈现增长趋势且略有下降(见图5-18)。自2011年以来,邮政营业网点数量呈现井喷式增长,由2011年的1765处增长至2020年的11767处,增长了5.67倍,为城乡要素市场一体化提供了良好的基础设施支撑。

(八)移动电话用户数

"十五"末,云南省移动电话用户数近900万户,"十一五"末增长至2244.50万户,"十二五"末增长至3789.77万户,"十三五"末增长至4953.38万户,"十一五"期间增长最为快速,呈现"先快后慢"的趋势(见图5-19)。2020年末,云南省移动电话用户数超过全省人口数,为城镇化建设提供了较好的通信条件,提高了城乡通信保障能力。

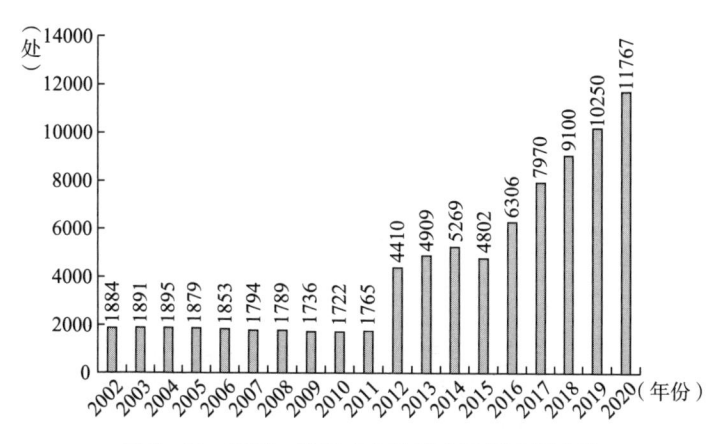

图 5-18　2002~2020 年云南省邮政营业网点数

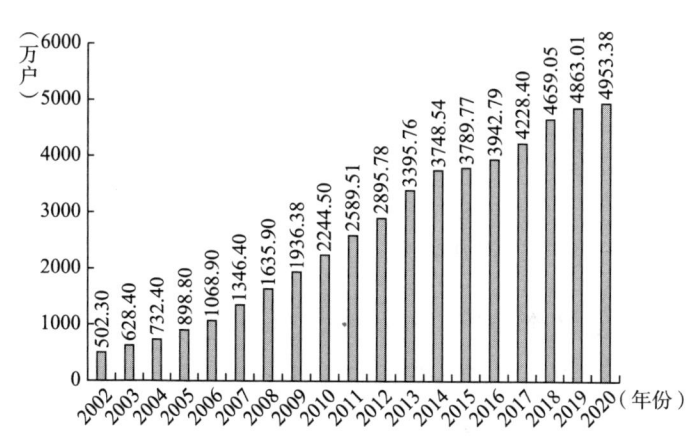

图 5-19　2002~2020 年云南省移动电话用户数量

第四节　云南省空间城镇化建设水平

一　城市建成区面积

如图 5-20 所示，2006~2020 年，云南省城市建成区面积由542平方千米增长至1266平方千米，增长了1.3倍，呈现稳步增长趋势，但低于四川（3160平方千米）、重庆（1566平方千米）、广西（1618平方千米）的水平。由此可见，云南城市建设在西南地区处于落后水平。

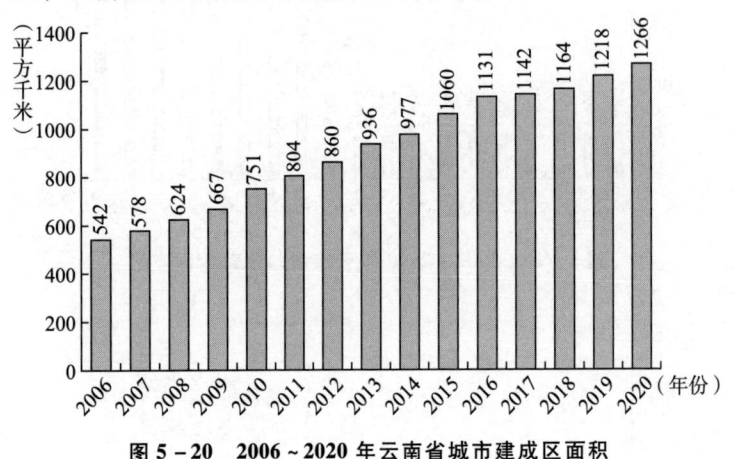

图5-20　2006~2020年云南省城市建成区面积

二　城市建设用地集中度

2006~2020年，云南省城市建设用地集中度不断提升，但未超过50%，远低于国家62%的平均水平，扩张速度慢，反映了全省城市数量少、规模小的状况（见图5-21）。截至2020年底，云南省有1个大城市，3个中等城市，22个小城市，因此，云南亟待发展小城市，提升城市等级。

三　城市人口集中度

2006~2020年，云南省城市人口集中度呈现先上升后下降的变化趋势，在2012年达到最大值78.73%，2020年达到最小值62.09%（见图5-22）。在城镇总人口不断增加的趋势

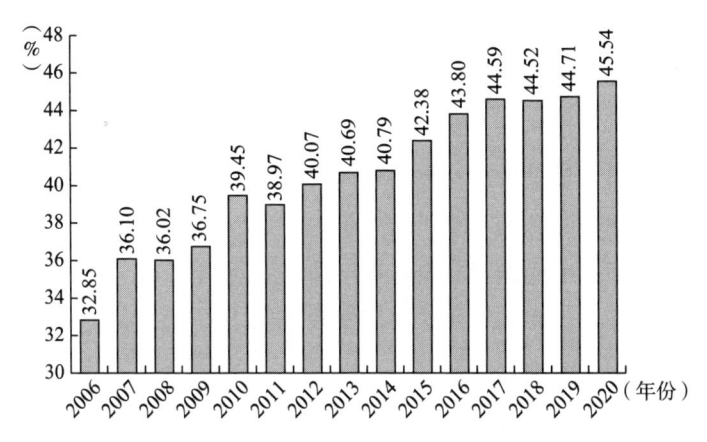

第五章 云南省新型城镇化建设水平评价

图 5-21　2006~2020 年云南省城市建设用地集中度

下，城市人口依然是城镇人口的主体，城市对农村转移人口具有较大吸引力，且县城对农村转移人口的吸引力不断增强。

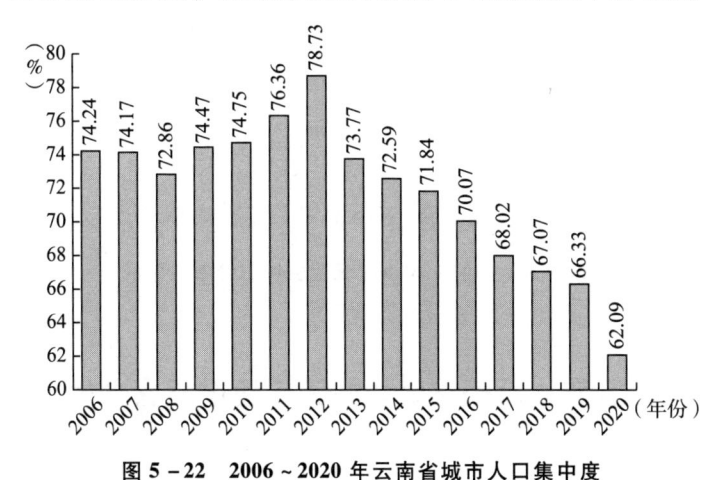

图 5-22　2006~2020 年云南省城市人口集中度

四　城市经济集中度

2003~2020 年，云南省城市经济集中度呈现先上升后缓慢下降的变化趋势，由 2003 年的 40.32% 上升至 2009 年的

56.85%，然后持续下降至 2020 年的 51.30%，远低于全国 86% 的平均水平（见图 5-23）。2005 年以来，虽然城市经济集中度呈现下降趋势，但未降至 50% 以下，城市仍然处于全省经济发展的中心位置。然而，随着县域经济的发展，城市经济集中度极有可能跌破 50%，失去经济发展的中心位置，因此云南亟须提升全省城市的经济承载能力，大力推进城市群建设，实现组团式协调发展，保持和巩固城市在经济建设中的中心地位。

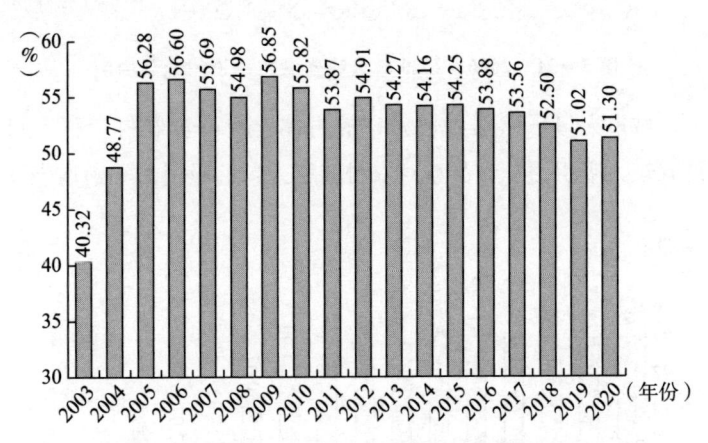

图 5-23　2003~2020 年云南省城市经济集中度

第五节　云南省新型城镇化建设质量分析

一　城镇居民生活质量

（一）城镇居民人均可支配收入

2002~2020 年，云南省城镇居民人均可支配收入呈现快速增长趋势，由 7241 元增至 37500 元，增长了 4.18 倍（见

图5-24）。"十一五"末较"十五"末，城镇居民人均可支配收入增加了6799元；"十二五"末较"十一五"末，城镇居民人均可支配收入增加了10308元；"十三五"末较"十二五"末，城镇居民人均可支配收入增加了11127元。2020年末，全国城镇居民人均可支配收入达到43834元，高于云南省6334元，云南省与全国平均水平仍然存在较大差距，"十四五"时期仍需继续提高城镇居民人均可支配收入。

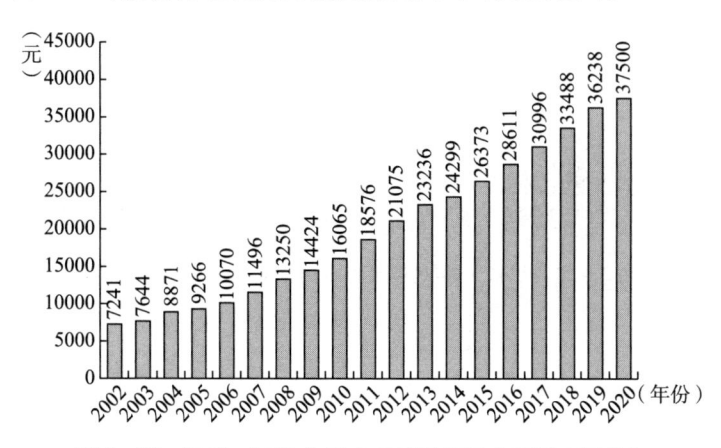

图5-24 2002~2020年云南省城镇居民人均可支配收入

（二）城镇居民人均住房面积

2002~2020年，云南省城镇居民人均住房面积由11.0平方米增至40.0平方米，基本与2019年全国39.8平方米的平均水平持平（见图5-25）。"十一五"末较"十五"末，城镇居民人均住房面积增加了6.3平方米；"十二五"末较"十一五"末，城镇居民人均住房面积增加了13.6平方米；"十三五"末较"十二五"末，城镇居民人均住房面积增加了5.5平方米，增长速度先快后慢。2020年底，全省共提供住房346.5万套，满足了近1100万名城镇居民的住房需求，平均每3人可获得1套住房，实现了"一户一套"。随着房地产对经济社会发展的贡献度逐步提高，"十四五"时期云南省城镇居民人均住房面积还将稳步上升。

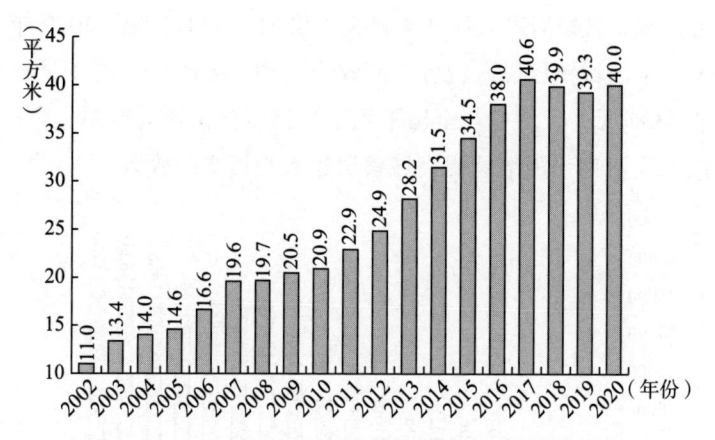

图 5-25 2002~2020年云南省城镇居民人均住房面积

（三）城镇居民受教育水平

2000~2020年，云南省居民人均受教育年限得到长足进步。最近的三次人口统计（第五、六、七次全国人口普查）显示，云南省居民人均受教育年限由2000年的8.3年增长到2010年的9.6年，至2020年达到10.82年，城镇居民一般会高于此年限，城镇居民具备了普及高中教育的基础。2004~2020年，每十万人口高中阶段学校平均在校生数由1649人上升至3546人，增长了1倍多（见图5-26）。"十一五"期间，每十万人口高中阶段学校平均在校生数增长最快，"十一五"期末较"十五"期末增长了999人，而"十二五"期间，每十万人口高中阶段学校平均在校生数几乎保持不变，未发生大幅增长，2020年较2015年增长649人。随着人口出生率的下降，高中生源数量出现下降，云南省2020年每十万人口高

第五章　云南省新型城镇化建设水平评价

中阶段学校平均在校生数远低于贵州省和广西壮族自治区，城镇居民受教育程度低于周边省份，政府仍需加大对教育的投入力度。

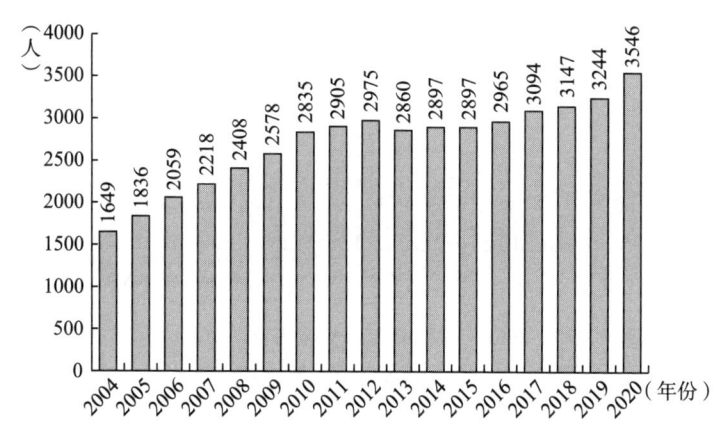

图 5-26　2004~2020 年云南省每十万人口高中阶段学校平均在校生数

（四）城镇居民的医疗条件

2002~2020 年，云南省城镇居民每万人拥有的医院（卫生院）床位数稳步增长，由 59.9 张增加至 114.4 张，表明城镇居民的医疗条件正逐步得到改善（见图 5-27）。"十一五"期末相较于"十五"期末，床位数增加了 13.3 张，"十二五"期末相较于"十一五"期末，增加了 18 张，"十三五"期末相较于"十二五"期末，增加了 26.2 张，反映出云南省城镇基本医疗卫生体系正在不断完善。

（五）政府在科技与教育上的投入

2002~2020 年，云南省政府在科技和教育上的人均投入持续上升，由 817.29 元增加至 5194.67 元，政府的教育和科技服务质量不断提高，有效地提高了居民的精神文明素质（见图 5-28）。"十一五"期末相较于"十五"期末，云南省

179

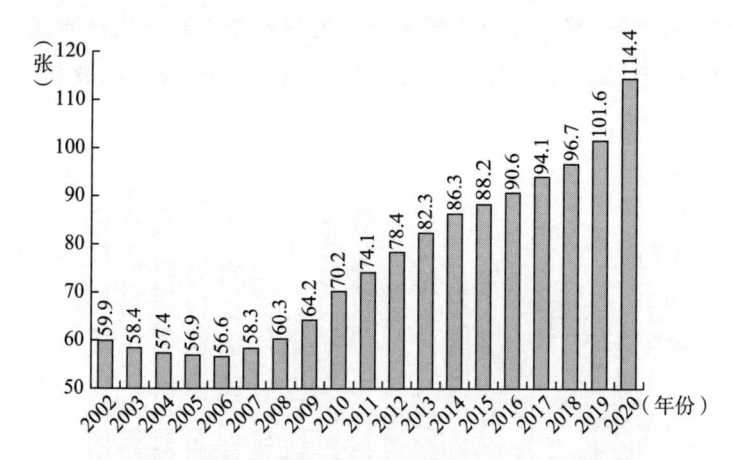

图 5-27 2002~2020 年云南省城镇居民每万人拥有的医院（卫生院）床位数

政府在科技和教育上的人均投入增加了 1508.41 元；"十二五"期末相较于"十一五"期末，增加了 1498.06 元，"十三五"期末相较于"十二五"期末，增加了 1223 元，增速逐年减缓。

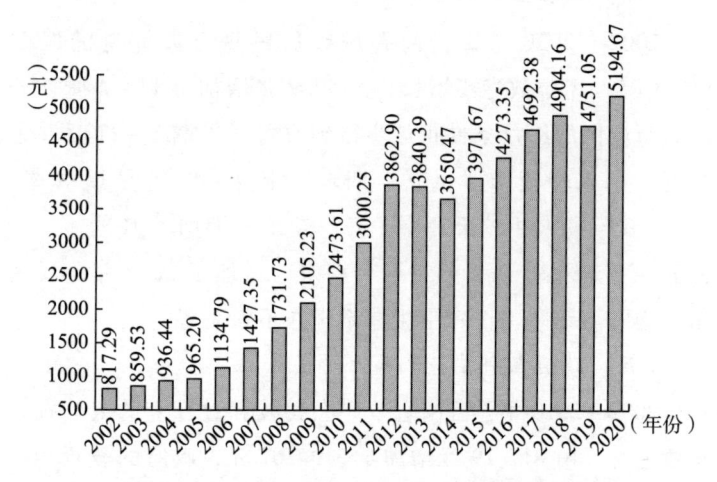

图 5-28 2002~2020 年云南省政府在科技和教育上人均投入的经费

第五章 云南省新型城镇化建设水平评价

（六）城镇居民的就业水平

2002~2020年，云南省城镇登记失业率整体呈现下降的趋势，由4.00%下降至3.92%，失业率最高达4.30%，最低达3.20%（见图5-29）。"十一五"期间，城镇登记失业率基本维持在4%以上；"十二五"期间，城镇登记失业率下降至4%以下；"十三五"期间，保持在4%以下。2019年末，城镇登记失业率为3.25%，受新冠肺炎疫情影响，2020年末上升至3.92%，但仍低于全国4.24%的平均水平。未来城镇化建设仍应保持较低的失业率，为城镇居民提供更多就业机会。

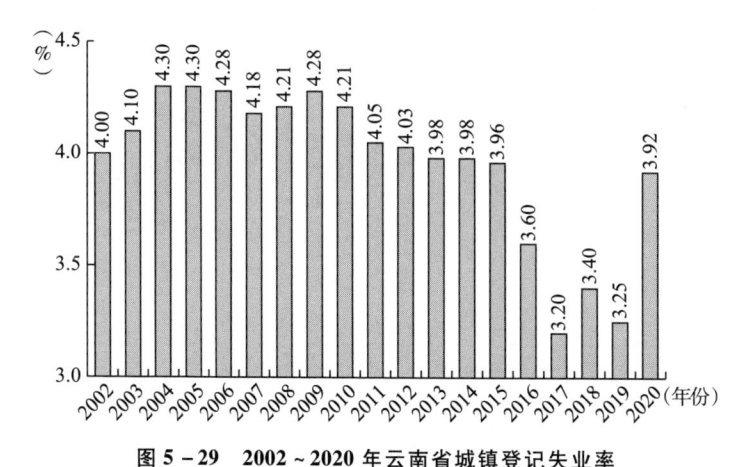

图5-29 2002~2020年云南省城镇登记失业率

二 城镇居民社会保障

（一）城镇职工参加社会保险的状况

2002~2020年，云南省城镇职工基本养老、基本医疗和失业保险参保人数呈现逐年递增的趋势（见图5-30）。城镇职工基本养老保险参保人数由252.13万人增至701.34万人，基本医疗保险参保人数由238.40万人增至548.42万人，失业保险参保人数由183.23万人增至307.39万人，增长最快的是基本养老保险，其次是基本医疗保险。2016年之前，每年基本医疗保险参保人数均超过基本养老保险；"十三五"期间，每年基本养老保险参保人数均超过基本医疗保险。随着老龄化社会的到来，"十四五"时期应继续提高基本养老保险参保率，进一步提高基本医疗保险参保率，加快提高失业保险参保率。

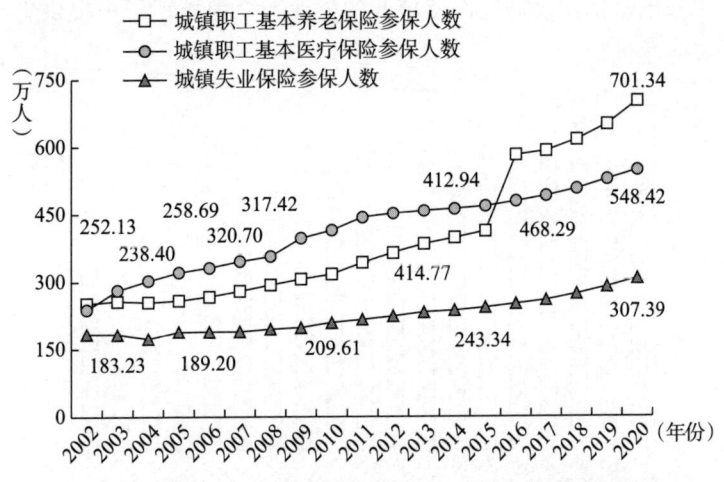

图 5 - 30 2002 ~ 2020 年云南省城镇职工参加社会保险的数量

2002 ~ 2020 年，全省城镇职工基本养老保险覆盖率呈现"先降后升"的变化，由2002年的71.92%逐年下降至2015年的44.99%，然后又攀升至2020年的54.28%，与"十四五"规划的养老保险覆盖率目标相差近26个百分点（见图5-31）。城镇职工基本医疗保险覆盖率则呈现逐年下降的趋势，由2004年的最高值81.41%逐年下降至2020年的最低值42.45%。城镇失业保险覆盖率基本呈现逐年下降的趋势，由

2002年的最高值52.27%下降至2020年的最低值23.79%。

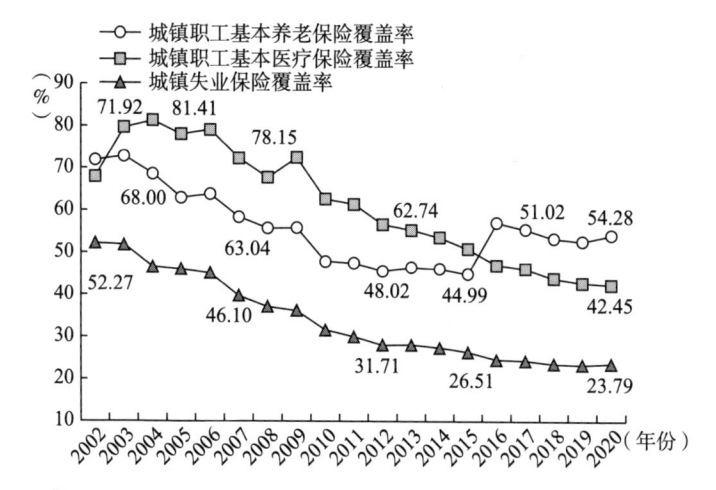

图 5-31　2002~2020年云南省城镇职工三大社会保险覆盖率

2002~2020年，全省城镇职工基本养老、基本医疗和失业保险三大保险的平均覆盖率（即城镇职工基本社会保险覆盖率），呈现"持续下降"的趋势，由2003年的最高值68.17%逐年下降至2020年的40.17%（见图5-32）。然而，2020年全省城镇职工基本社会保险覆盖率仍低于全国2020年65%的平均水平。

（二）城镇社会化服务水平

2002~2020年，全省城镇居民每万人拥有的社会服务机构床位数量呈先增后减的变化趋势，由2002年的15.8张增至2016年的66.8张，然后下降为2020年的54.7张，其中2016年达到最大值66.8张，2006年为最小值10.4张（见图5-33）。"十一五"期末相较于"十五"期末，床位增长了11.7张，"十二五"期末相较于"十一五"期末，床位增长了30张，"十三五"期末相较于"十二五"期末，床位下

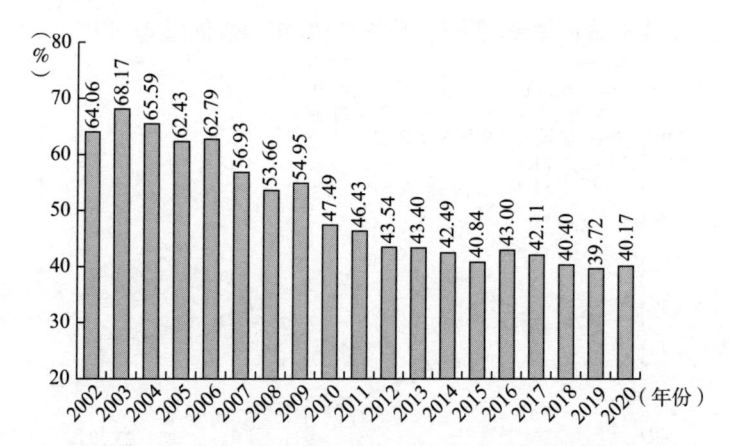

图 5-32　2002~2020 年云南省城镇职工基本社会保险覆盖率

降了 2.7 张。未来应继续提高社会服务机构的养老、儿童和社区服务水平。

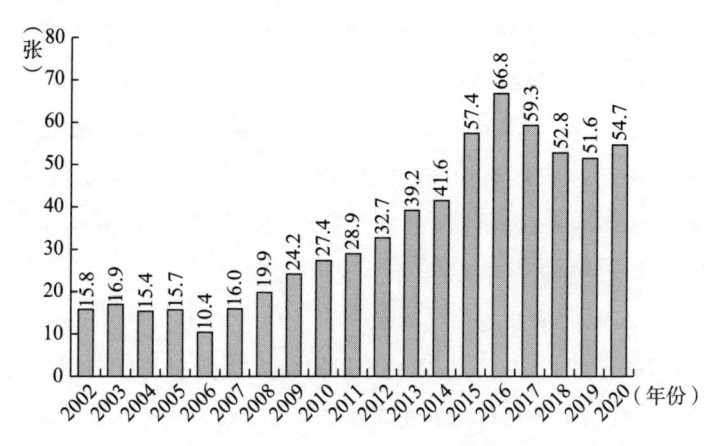

图 5-33　2002~2020 年云南省城镇居民每万人拥有的社会服务机构床位数量

（三）城镇医疗服务水平

2002~2020 年，云南省城镇居民每万人拥有医务人员数量由 59.7 人增加至 137.3 人，呈现快速增长的趋势（见图

5-34)。2002~2012年,医务人员数量基本维持在60~73人,没有明显的增长,2012年以后持续快速增长,"十二五"末较"十一五"末增加了45.8人,"十三五"末较"十二五"末增加了23.8人,增速放缓。

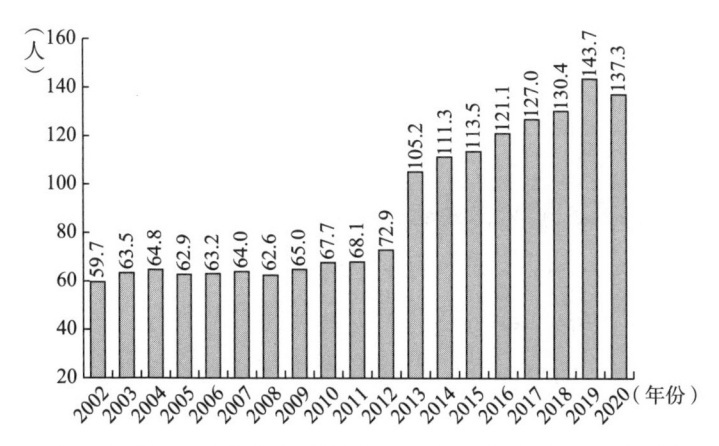

图5-34 2002~2020年云南省城镇居民每万人拥有医务人员数量

三 资源环境利用与保护

(一)能源集约利用水平

2002~2020年,云南省每万元GDP能源消耗由1.79吨标准煤下降至0.43吨标准煤,单位GDP能耗呈现逐年下降趋势(见图5-35)。"十一五"末相较于"十五"末,能耗下降了0.54吨标准煤;"十二五"末相较于"十一五"末,能耗下降了0.5吨标准煤;"十三五"末相较于"十二五"末,能耗下降了0.27吨标准煤,能源降耗速度变慢。未来需优化能源结构,大力发展清洁可再生能源,加强国际能源合作,构建以水电为主、新能源快速发展的多元化能源产业发展格局。

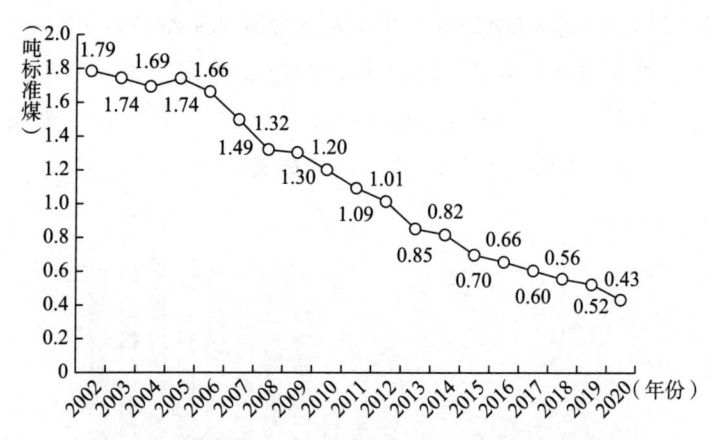

图 5-35　2002~2020 年云南省每万元 GDP 所需能耗

（二）城镇空气质量

2006~2020 年，云南省城镇空气综合污染指数呈现先降后升的变化态势（见图 5-36）。2006~2013 年，城镇空气综合污染指数由每立方米 1.46 毫克降至 1.08 毫克。2014~2020 年，城镇空气综合污染指数由每立方米 1.52 毫克增至 2.54 毫克，未来仍需关注和改善空气质量。

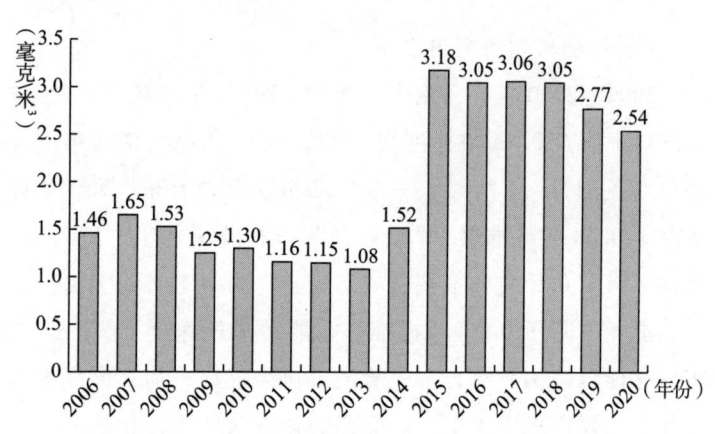

图 5-36　2006~2020 年云南省城镇空气综合污染指数

（三）城镇居民水资源集约利用水平

2002～2020 年，云南省城镇居民人均日生活用水量呈现先增后降的变化趋势（见图 5-37）。2002～2006 年，城镇居民人均日生活用水量由 184.0 升增至 223.2 升。2007～2020 年，城镇居民人均日生活用水量年均降至 136.7 升。随着城镇节水专项工作的开展，城镇居民人均日用水量将进一步降低，从而提高水资源的集约利用率。

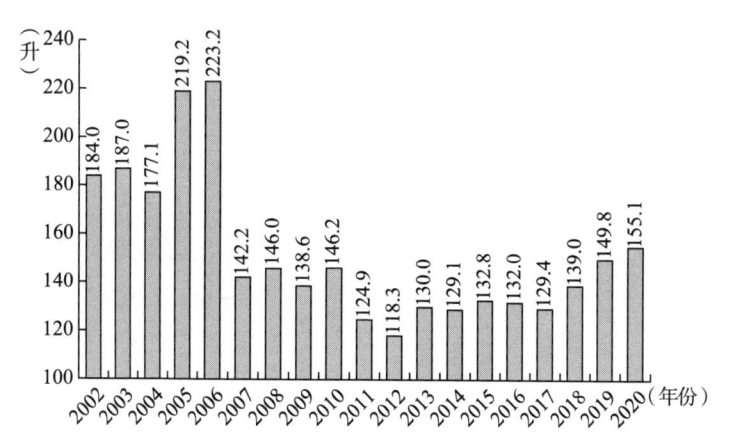

图 5-37　2002～2020 年云南省城镇居民人均日生活用水量

（四）城市建成区绿化覆盖率

2006～2020 年，云南省城市建成区绿化覆盖率由 19.0%增至 39.9%，呈现稳步上涨的趋势（见图 5-38）。虽然城市建成区绿化覆盖率增长了 1 倍多，但与 2020 年全国城市建成区绿化覆盖率 42.1% 相比，仍存在 2.2 个百分点的差距，同时也低于 2020 年四川（42.5%）、重庆（43.1%）和广西（41.3%）的水平。未来仍需加快城市绿地系统的建设，改善城市生态和景观。

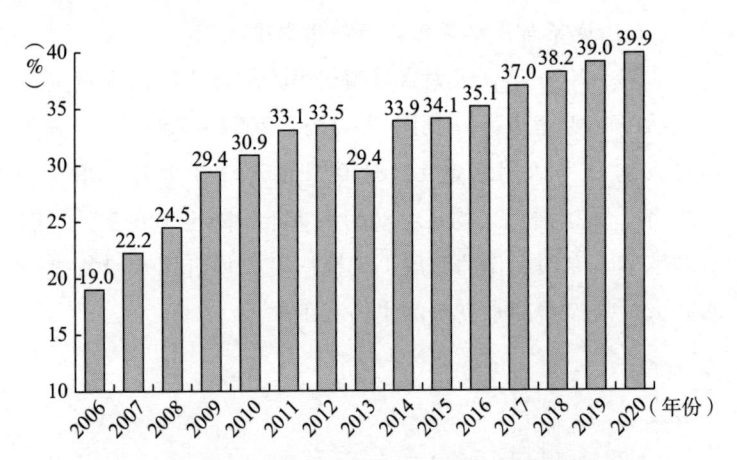

图 5-38　2006~2020 年云南省城市建成区绿化覆盖率

（五）城镇生活垃圾无害化处理率和污水处理率

2003~2020 年，云南城镇生活垃圾无害化处理率由 70.5% 上升至 100.0%，城镇污水处理率由 59.3% 上升至 95.5%，呈现稳步上升趋势，为城镇居民提供了良好的居住环境。未来云南需继续保持已有水平，努力做到生活垃圾和污水对环境零污染（见图 5-39）。

（六）公共交通客运总量

2002~2020 年，云南公共交通客运总量呈现周期性波动，先升后降（见图 5-40）。2002~2007 年，客运总量由 38900 万人次增至 46300 万人次，2008 年又降至 34800 万人次。2009~2020 年，客运总量由 36600 万人次增至 51900 万人次（2013 年），后又降至 24177 万人次（2020 年）。云南作为旅游大省，受新冠肺炎疫情影响，2020 年客运总量较 2019 年下降了 14204 万人次，下滑严重。

（七）民族文化资源的保护和利用

2003~2020 年，全省历史文化名城名镇名村名街数量由

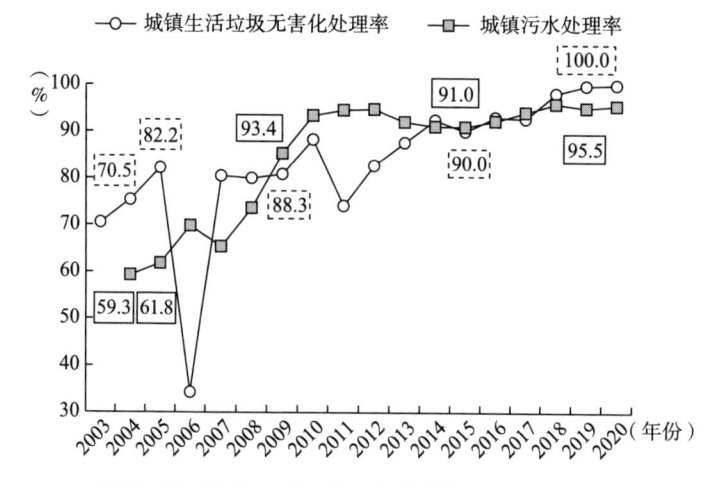

图 5-39　2003~2020 年云南省城镇生活垃圾无害化处理率和污水处理率

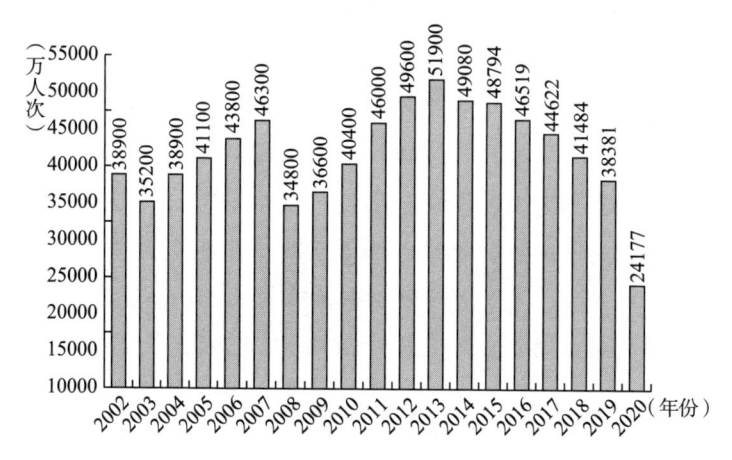

图 5-40　2002~2020 年云南省公共交通客运总量

29 个增至 94 个，呈现快速增长的趋势（见图 5-41）。2020 年末，全省拥有国家级历史文化名城名镇名村名街 29 个，省级历史文化名城名镇名村名街 65 个。2021 年，通海县入选国家历史文化名城，云南省国家级历史文化名城名镇名村名街数量增加至 30 个。为了更好地保护、开发和利用民族文化资源，云南未来应积极申报国家级历史文化名城名镇名村名街，对省内符合条件的城镇村街，加快省级历史文化名城名镇名村名街的认定工作。

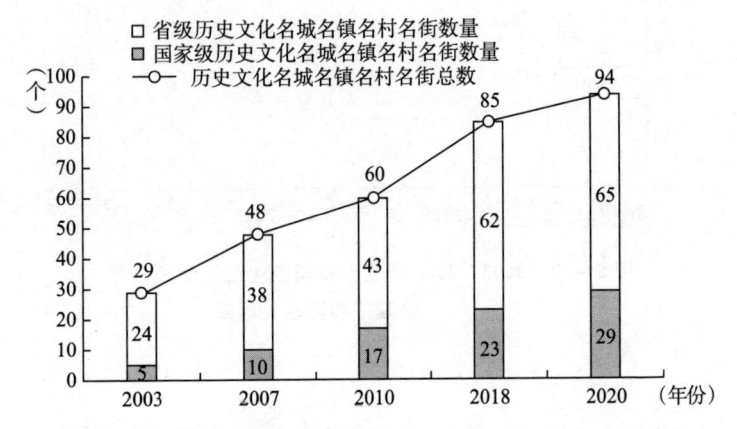

图 5-41　2003~2020 年云南省历史文化名城名镇名村名街数量

自 2012 年开始，住建部、文化部、财政部等部门开展了五个批次的传统村落评选活动。2012~2020 年，云南省国家级传统村落的数量由 62 个升至 708 个，增长了 10 倍有余（见图 5-42）。未来应充分挖掘传统村落的民族文化价值，呈现和利用好民族文化并实现经济价值的转化。

四　城乡统筹发展

新型城镇化的核心是以人为本的城镇化，既是为了使城镇居民享受到良好的医疗和教育服务，获得较高的人均可支配收入，也是为了缩小城乡居民在收入、教育和医疗方面的差距，通过城乡统筹发展，最终实现城乡一体化。

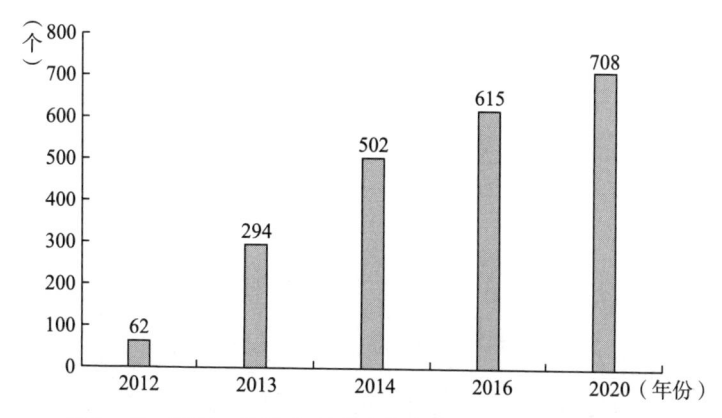

第五章　云南省新型城镇化建设水平评价

```
(个)800
    700                                           708
                                        615
    600
                              502
    500
    400
                  294
    300
    200
    100   62
      0
       2012   2013   2014   2016   2020(年份)
```

图 5-42　2012~2020 年云南省拥有的国家级传统村落数量

（一）城乡居民人均可支配收入比较

2020 年，云南城镇居民人均可支配收入达到 37500 元，而农村居民人均可支配收入仅为 12842 元，城镇居民人均可支配收入是农村居民的近 3 倍，差距仍然较大（见图 5-43）。从 2003 年开始新型城镇化建设以来，云南省农村居民的收入呈现上涨趋势，在"十一五"末、"十二五"末和"十三五"末分别达到 3952 元、8242 元和 12842 元。以 2003 年的农村居民人均可支配收入 1697 元为基点，三个五年规划期末的收入上涨速度分别为 132.9%、108.6% 和 55.8%，呈现下降趋势。2002~2020 年，云南城镇居民的收入也呈现上涨趋势，在"十一五"末、"十二五"末和"十三五"末分别是 16065 元、26373 元和 37500 元。以 2003 年的 7644 元为基点，三个五年规划期末的收入上涨速度分别为 110.2%、64.2% 和 42.2%，呈现下降趋势。2002~2020 年，城乡居民收入比由最高的 4.8 下降到 2.9，整体呈现下降趋势，但还没有到达 1 附近。

191

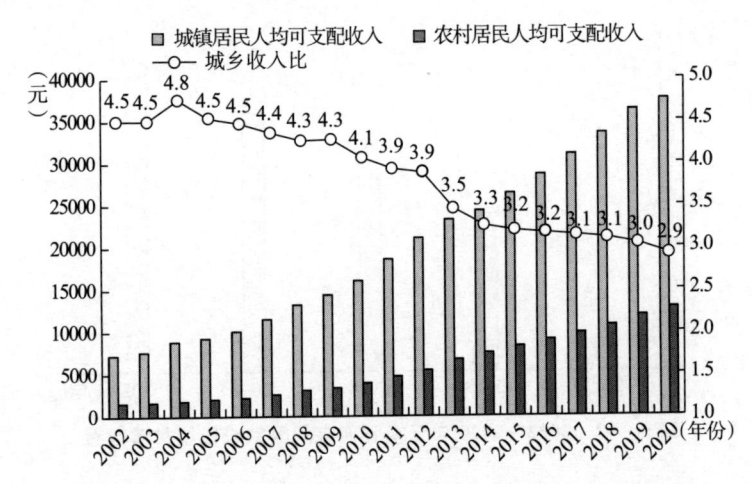

图 5-43　2002~2020 年云南省城乡居民人均可支配收入统计

（二）城乡居民医疗卫生条件比较

2020 年，云南城乡居民每万人拥有的医务人员数量分别是 156 人和 39 人，城乡比高达 4.0（见图 5-44）。从 2002 年至 2020 年的医务人员分布情况来看，农村居民每万人拥有医务人员的数量增长缓慢，而城镇居民每万人拥有医务人员数量增长快速。2012 年以后，城乡比呈现上升趋势，医疗资源还是主要集中在城镇，城乡居民医疗资源差距正在不断扩大。

（三）城乡居民受教育条件比较

2020 年，政府投入城市义务教育阶段的生均费是 16111 元，投入农村义务教育阶段的生均费是 15120 元，相差 991 元，城乡比为 1.1，较为适中（见图 5-45）。2002~2020 年，城乡义务教育阶段生均费用比由最高的 7.78 下降到 1.1，反映了政府对农村义务教育条件改善的重视，对农村义务教育的投入增长迅速。2013~2014 年，城市义务教育阶

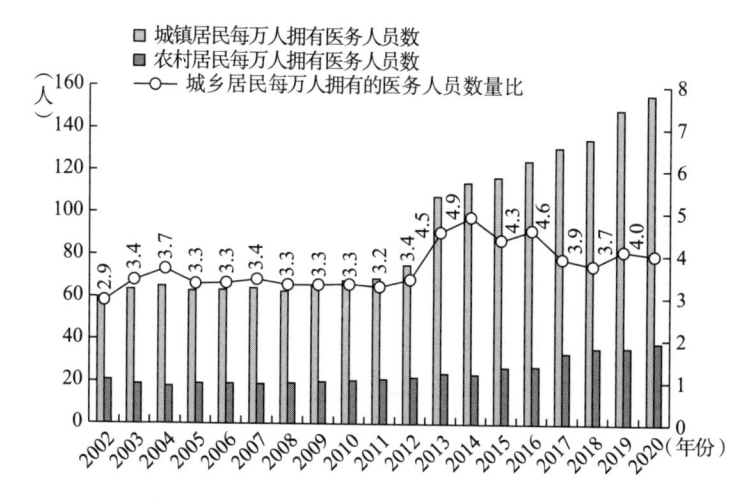

图 5-44 2002~2020 年云南省城乡居民每万人拥有的医务人员数量

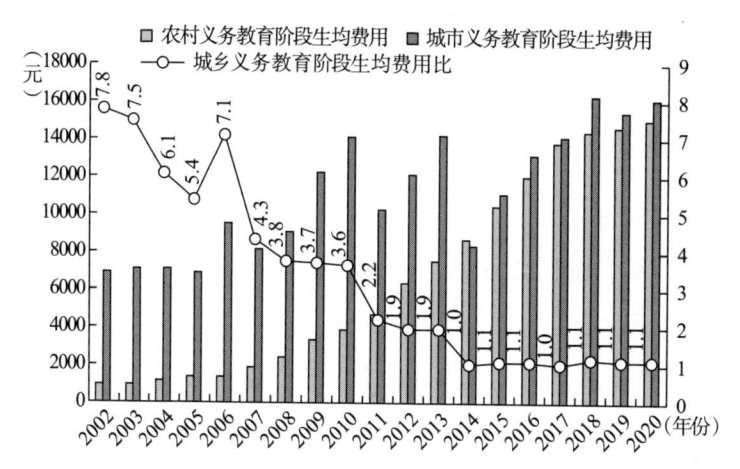

图 5-45 2002~2020 年云南省城乡居民义务教育阶段生均费用

段生均费用急剧下降，由 2013 年的 14272 元下降为 2014 年的 8310 元（只相当于 2007 年的投入水平），而后经过缓慢增长，到 2018 年才超过 2013 年的投入水平。2002~2013

年，城乡义务教育阶段生均费用均呈现上涨趋势，但城乡比较大，城乡差距较大。2013年后，城乡比下降到1左右，这主要是通过削减城市义务教育生均费用实现的。

第六节 云南省新型城镇化建设水平综合评价

一 评价方法和模型

(一) 变异系数法

变异系数（Coefficient of Variation，CV），又称"标准差率"。变异系数越小，指标固有的信息量越少；变异系数越大，指标固有的信息量越多。变异系数法具有计算过程简单、易操作、无量纲影响等优势，已得到广泛应用。计算公式如下：

$$W_j = CV_j / \sum_{j=1}^{n} CV_j \qquad (式1)$$

式1中，W_j 为第 j 项指标权重，CV_j 为第 j 项指标的变异系数。CV_j 的计算公式为：

$$CV_j = \sigma_j / z_j^* \qquad (式2)$$

$$\sigma_j = \sqrt{\frac{1}{n}\sum_{j=1}^{n}(z_j - z_j^*)^2} \qquad (式3)$$

$$z_j^* = \frac{z_1 + z_2 + \cdots + z_j}{n} \qquad (式4)$$

式2至式4中，σ_j 为第 j 项指标的标准差，z_j^* 为第 j 项指标的平均值，z_j 为第 j 项指标的原始值数列，n 为第 j 项指标的有效数据个数。

第五章 云南省新型城镇化建设水平评价

为了排除指标正负项所造成的影响和操作方便,本书采用极差标准化法对原始指标进行标准化处理。其中正向和逆向指标的计算公式如下：

$$正向指标：z'_j = (z_j - z_{min})/(z_{max} - z_{min}) \quad (式5)$$
$$逆向指标：z'_j = (z_{max} - z_j)/(z_{max} - z_{min}) \quad (式6)$$

设 q_j 为第 j 项指标的理想值,适中指标标准化的处理分为三种情况：

当 $z_j < q_j$ 时,

$$z'_j = 1 - \frac{q_j - z_j}{\max[q_j - \min(z_j), \max(z_j) - q_j]} \quad (式7)$$

当 $z_j > q_j$ 时,

$$z'_j = 1 - \frac{z_j - q_j}{\max[q_j - \min(z_j), \max(z_j) - q_j]} \quad (式8)$$

当 $z_j = q_j$ 时,

$$z'_j = 1 \quad (式9)$$

式2至式9中,z_j 为第 j 项指标的原始值数列,z'_j 为第 j 项指标标准化后的数列,z_{max} 为第 j 项指标原始值中的最大值,z_{min} 为第 j 项指标原始值中的最小值,min( )和 max( )分别是求取数列中的最大值和最小值。

（二）评价模型

根据前文所选取的云南新型城镇化建设八大领域中的35个指标,分别计算出2002~2020年各指标的变异系数和权重,对35个指标19年的数据进行标准化处理,从而计算出云南新型城镇化建设水平的综合评价分值 S。计算公式如下：

$$S = W_j \times z'_j \quad (式10)$$

二 评价指标体系权重确定

为了实现指标体系的可操作性、完整性和精简性，本书选取了人口转移、经济建设、基础设施、空间布局、居民生活、社会保障、资源环境和城乡统筹八大领域中的 35 个指标，构成了综合评价指标体系。在某个时间截面上，首先，为了尽量避免数据的突变和误差，本书对 2002～2020 年的数据求平均值。其次，为了排除不同量纲的影响，本书采用标准化法对原始数据进行处理。最后，为了尽量避免主观因素对评价结果的影响，本书尽量利用指标本身信息表示指标的重要程度，采用变异系数法确定指标的权重（见表 5 - 13）。其中，正向指标与新型城镇化建设水平呈正相关关系，逆向指标与新型城镇化建设水平呈负相关关系。适中指标表示指标越接近某一理想值，新型城镇化建设水平越高。

表 5 - 13 云南省新型城镇化建设水平评价指标及其权重

目标层	准则层	指标层	权重	指标属性
云南省新型城镇化发展水平评价	人口转移（0.0662）	常住人口城镇化率（%）	0.0175	正向指标
		户籍人口城镇化率（%）	0.0292	正向指标
		非农业产业就业人员在就业人员中的比重（%）	0.0194	正向指标
	经济建设（0.1598）	城镇就业人数在就业总人数中的比重（%）	0.0317	正向指标
		城镇净增就业人数（万人）	0.0494	正向指标
		非农产业增加值在 GDP 中的比重（%）	0.0021	正向指标
		三次产业效率（元/人，2001 年价）	0.0765	正向指标

第五章 云南省新型城镇化建设水平评价

续表

目标层	准则层	指标层	权重	指标属性
云南省新型城镇化发展水平评价	基础设施 (0.1143)	城镇建成区面积（平方千米）	0.0152	正向指标
		城镇建成区人口密度（人/千米^2）	0.0049	适中指标
		城镇人口增速与城镇面积增速比	0.0684	适中指标
		城市人均道路面积（平方米）	0.0259	正向指标
	空间布局 (0.0189)	城市人口集中度（%）	0.0050	正向指标
		城市经济集中度（%）	0.0060	正向指标
		城市建设用地集中度（%）	0.0078	正向指标
	居民生活 (0.1642)	城镇居民人均可支配收入（元）	0.0422	正向指标
		人均住房面积（平方米）	0.0334	正向指标
		每十万人口高中阶段学校平均在校生数（人）	0.0158	正向指标
		城镇居民每万人医院（卫生院）床位数量（张）	0.0196	正向指标
		人均科技与教育支出（元）	0.0458	正向指标
		城镇登记失业率（%）	0.0073	逆向指标
	社会保障 (0.1382)	参加城镇职工基本养老保险的人数（万人）	0.0320	正向指标
		参加城镇职工基本医疗保险的人数（万人）	0.0181	正向指标
		参加城镇失业保险的人数（万人）	0.0146	正向指标
		城镇每万人拥有的社会服务机构床位数量（张）	0.0447	正向指标
		城镇居民每万人拥有医务人员数量（人）	0.0289	正向指标
	资源环境 (0.2509)	单位GDP能耗（吨标准煤/万元）	0.0354	逆向指标
		城市人均日生活用水量（升）	0.0168	逆向指标
		空气综合污染指数（毫克/米^3）	0.0349	逆向指标

197

续表

目标层	准则层	指标层	权重	指标属性
云南省新型城镇化发展水平评价	资源环境（0.2509）	城市建成区绿化覆盖率（%）	0.0159	正向指标
		公共交通客运总量（万人次）	0.0132	正向指标
		国家级传统村落数量（个）	0.1042	正向指标
		历史文化名城名镇名村名街数量（个）	0.0303	正向指标
	城乡统筹（0.0875）	城乡居民收入比	0.0137	适中指标
		城乡居民每万人拥有医务人员数量比	0.0124	适中指标
		城乡人均教育经费比	0.0614	适中指标

分析表5-13可知，云南省新型城镇化建设主要集中在经济建设、居民生活、社会保障和资源环境四个方面，其权重均超过平均权重0.125，建设水平较高，其他四个方面的建设水平较低，其权重均未超过0.125。以表中35个评价指标的平均权重0.0286为标准来看，云南新型城镇化建设八大领域中，还存在以下短板：①农业人口转移中，常住人口城镇化率和非农业产业就业人员在就业人员中的比重均未达到0.02；②城镇经济建设中，非农产业增加值在GDP中的比重未达到平均权重；③城镇基础设施建设中，城镇建成区面积及建成区人口密度均未达标，城市人均道路面积也未达标；④城市对于土地、经济和人口要素的集中度较低，城镇建设的空间体系亟待优化；⑤居民生活方面，城镇居民的教育水平、医疗条件和就业水平均未达到平均权重；⑥社会保障方面，城镇职工的基本医疗保险和失业保险未达标；⑦资源环境利用和保护方面，城市人均日生活用水量、城市建成区绿化覆盖率、公共交通客运总量均未达标；⑧城乡统筹方面，城乡居民收入比和城乡居民每万人拥有医务人员数量比

均未达标。

三 新型城镇化建设水平分析

(一) 农业转移人口市民化建设水平分析

总体来看,2006~2020 年,云南省农业转移人口市民化建设水平呈现不断上升的趋势(见图 5-46)。相较于"十一五"末农业转移人口市民化建设评分来看,"十二五"和"十三五"末的建设水平分别提高了 2.2 倍和 3.4 倍。《云南省人民政府关于进一步推进户籍制度改革的实施意见》(2015 年 5 月)、《云南省人民政府关于印发云南省国民经济和社会发展第十三个五年规划纲要的通知》(2016 年 4 月)、《云南省人民政府关于深入推进新型城镇化建设的实施意见》(2016 年 7 月)和《云南省人民政府关于实施支持农业转移人口市民化若干财政政策的通知》(2017 年 1 月)等一系列政策的出台,进一步放宽了落户要求,降低了户籍门槛,为

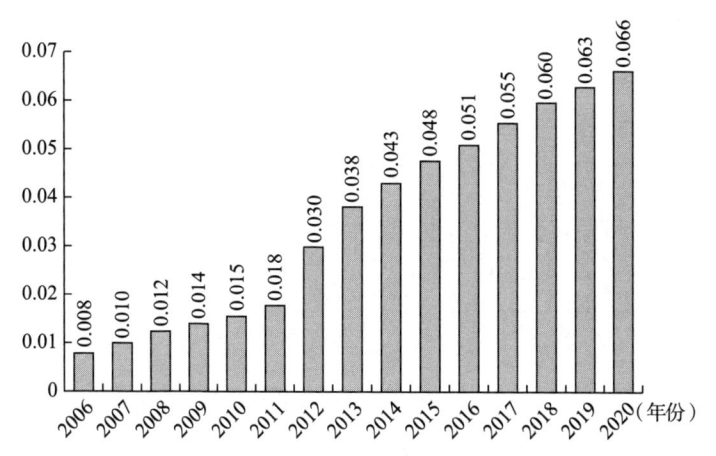

图 5-46 2006~2020 年云南省农业转移人口市民化建设水平评分

留住农业转移人口提供了政策保障，加快推进了农业转移人口市民化。虽然云南农业人口转移速度在加快，但常住人口城镇化率仍低于全国平均水平，常住人口城镇化率和户籍人口城镇化率间的差距仍然较大。如何让农业转移人口"待得住"，仍然是一大问题。

（二）城镇经济建设水平分析

2006~2020年，云南城镇经济建设水平在"十一五"期间整体呈现上升趋势，而在"十二五"和"十三五"期间呈现上下波动的变化趋势（见图5-47）。"十一五"、"十二五"和"十三五"期间，平均每年净增城镇就业人数分别为37万人、30万人和35万人，2015年城镇就业人口净流出22.7万人。由此可见，云南城镇的经济吸纳能力较弱，无法长期吸引农业转移人口留在城市就业，同时城镇经济发展中第二、第三产业的结构不合理，亟须优化。

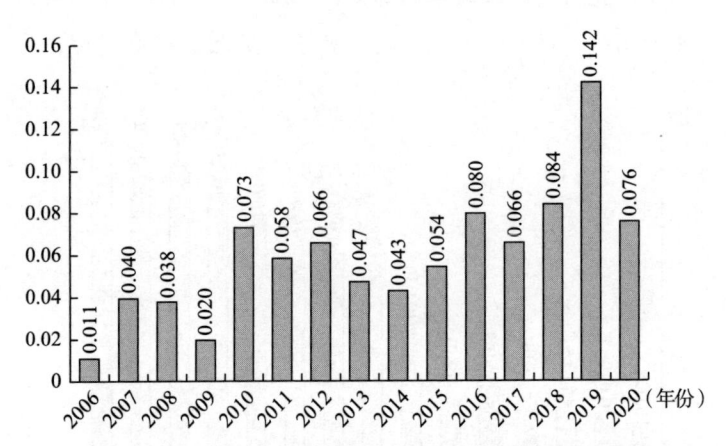

图5-47 2006~2020年云南省城镇经济建设水平评分

（三）城镇基础设施建设水平分析

2006~2020年，除2017年外，云南城镇基础设施建设水平在"十一五"、"十二五"和"十三五"期间总体呈现上升趋势（见图5-48）。按国际经验，一般城镇建成区人口密度维持在8000人/千米^{2}较为合适，但2020年，云南城镇建成区人口密度降至7000人/千米^{2}以下，城镇空间的利用率不足。云南公路网密度从2002年的0.42千米/千米^{2}增加到2020年的0.74千米/千米^2，交通基础设施建设取得长足进步，但边境州市公路网密度仍然低于中部州市。云南城镇建设规模扩张的速度在放缓，城镇人口增速仍慢于城镇规模扩张速度。由此可见，云南只有适度扩大城镇建设规模，加快边境州市交通基础设施建设，提高城镇建成区空间利用率，才能进一步提高城镇基础设施建设水平。

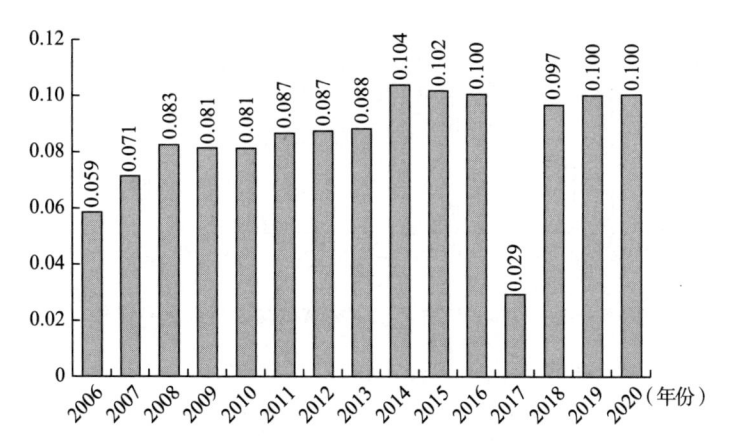

图5-48 2006~2020年云南省城镇基础设施建设水平评分

（四）城镇体系建设水平分析

2006~2020年，云南城镇体系建设水平整体呈现先升后降的趋势（见图5-49）。2020年底云南省形成了由1个大城市、3个中等城市、22个小城市、87个县城组成的城镇体系，成为全省新型城镇化的主体形态和现代化建设的重要载体。为了优化城镇体系，云南省政府连续出台了《云南省城镇体系规划 2015—2030 年)》《云南省沿边城镇布局规划 (2017—2030 年)》《滇中城市群发展规划》等一系列规划，旨在增强城市群对人口、经济和土地等要素的集聚作用。然而，城镇体系优化需要较长的时间才能完成，目前云南省的城镇体系结构仍存在较大的不合理性，城市数量少且规模较小。

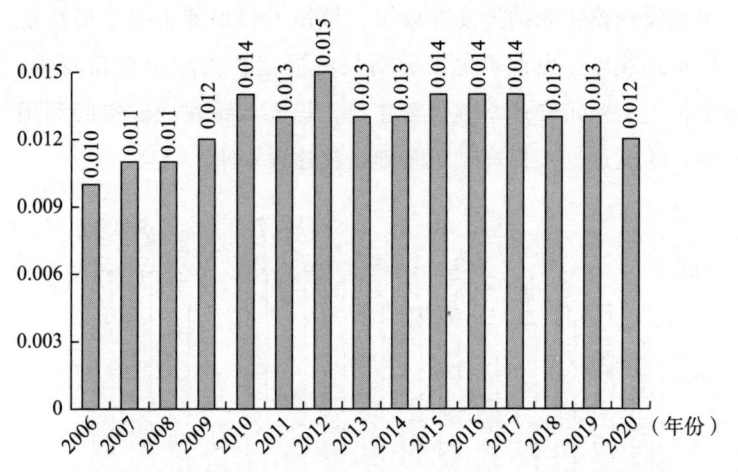

图 5 - 49　2006~2020 年云南省城镇体系建设水平评分

（五）城镇居民生活水平分析

2006~2020 年，云南省城镇居民民生保障建设取得较好成绩，居民生活水平呈现不断上升趋势（见图 5 - 50）。相较于 2006 年 0.017 的水平，2020 年全省居民生活水平评分提高了 8 倍有余，尤其在居民住房条件、医疗条件、可支配收入、科技服务等方面取得了长足进步，但仍需重视居民的受教育程度和就业问题。第七次全国人口普查结果显示，2020 年，云南省居民人均受教育年限达到 10.82 年，城镇居民比农村居民一般多两年左右，因此，城镇居民人均受教育水平可达到高中阶段，具备普及高中教育的条件。2020年，云南省每十万人口高中阶段学校平均在校生数为3546人，远低于贵州省（4007人）和广西壮族自治区（3976人）。2020年末，全国城镇调查失业率为5.2%，城镇登记失业率为4.2%，云南省城镇调查失业率为5.6%，城镇登记失业率为3.92%，调查失业率高于全国平均水平。

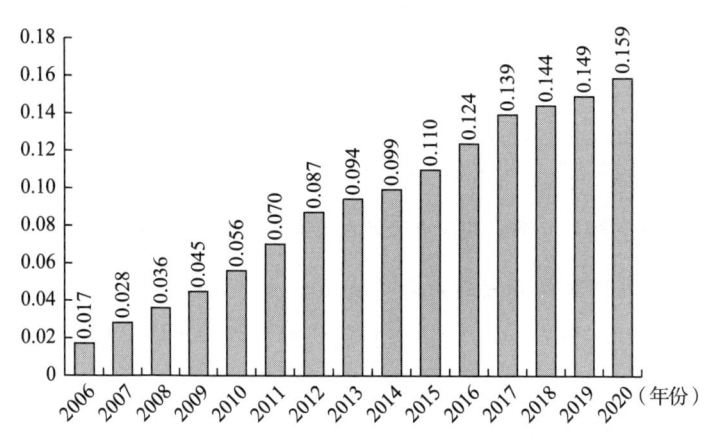

图5-50　2006~2020年云南省城镇居民生活水平评分

（六）城镇居民社会保障水平分析

2006~2020年，云南省城镇居民的社会保障水平评分呈现逐年提升的趋势，取得较好成绩（见图5-51）。2020年较2006年，保障水平评分提升了13倍，尤其社会服务和医疗保障取得了长足进步。2020年末，城镇居民每万人拥有的社会服务机构床位数量达到54.7张，每万人拥有医务人员数量达到137.3人，城镇职工基本养老保险参保率达到90%，2030年将达到100%。2020年末城镇职工基本医疗保险参保人数（548.42万人）和失业保险参保人数（307.39万人）远低于基本养老保险参保人数（701.34 万人）。因此，健全城镇居民医疗和就业保障体系任重而道远。

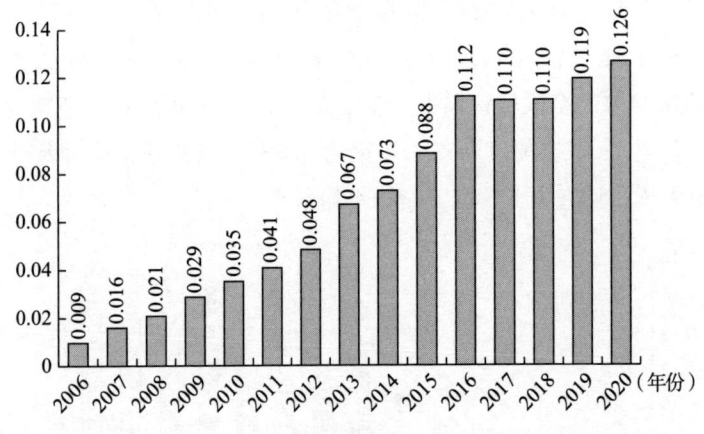

图 5-51　2006~2020 年云南省城镇居民社会保障水平评分

（七）自然资源利用和环境保护水平分析

2006~2020 年，云南省自然资源利用和环境保护水平总体呈现逐年上升趋势（见图 5-52）。云南省既是自然资源丰富省份，也是生态脆弱省份，因此，在对自然资源进行有效利用的同时，也需加强对自然环境的保护，从而实现自然资源的可持续利用。2020 年末，云南省每万元 GDP 消耗的能源仅为 0.43 吨标准煤，达到 2002 年以来的历史最低水平。2012 年，城镇居民人均日生活用水量达到 118.3 升，是 19 年（2002~2020 年）中的最低水平。自然资源的有效利用很好地保护了自然环境。2020 年末，城市生活垃圾无害化处理率和污水处理率达到 97%，空气综合污染指数小于每立方米 3 毫克，城市建成区绿化覆盖率达到 39.9%。在充分挖掘云南自然资源价值的同时，文化资源也得到充分利用。2020 年末，云南省已拥有国家级传统村落 708 个，历史文化名城名镇名村名街总计94个。在已有资源利用和环境保护水平的基础上,进一步促进水资源的集约利用,改善城市的空气质量,加快公共交通设施建设,缓解交通拥堵,减少环境污染,将是未来云南省城镇化建设中资源利用和环境保护工作努力的方向。

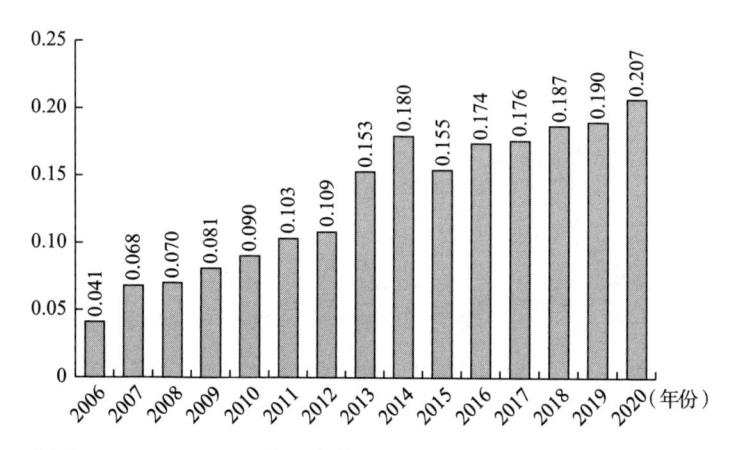

图5-52 2006~2020年云南省城镇资源利用和环境保护水平评分

（八）城乡统筹水平分析

2006~2020年,云南省不断努力缩小城乡发展差距,但效果不显著（见图5-53）。2006~2013年为城乡统筹水平提高较快阶段,城乡发展差距缩小速度较快。2013年以后,城乡统筹水平基本保持在0.074左右。《云南省新型城镇化规划（2014—2020年）》的实施,并未有效缩小城乡发展的差距,城乡居民人均可支配收入和医疗服务的差距仍然较大,甚至城乡医疗服务的差距还在不断扩大。2020年末,城乡居民人均可支配收入比为2.9,城乡居民每万人拥有医务人员数量比为4.0,人均教育经费比为1.07,分别高于全国城乡人均可支配收入比2.56、城乡居民每万人拥有医务人员数量比2.3和人均教育经费比1.0。因此，继续保持城乡教育经费投入的平衡，提高农村居民收入和改善医疗条件是未来云南城乡一体化工作的重点和难点。

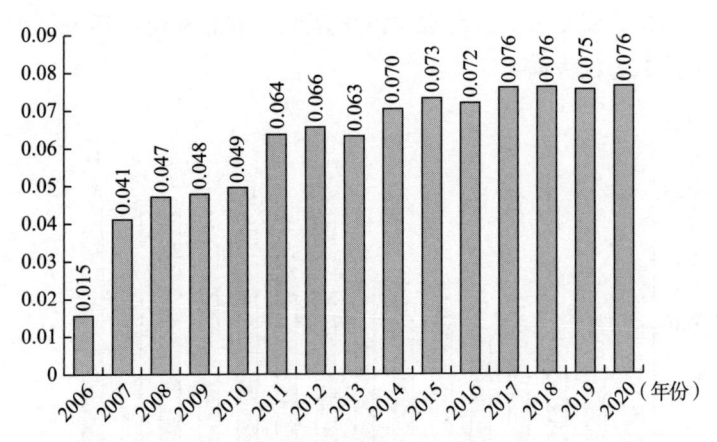

图5-53 2006~2020年云南省城乡一体化建设水平评分

（九）新型城镇化建设水平综合分析

2006~2020年，云南省新型城镇化建设水平总体呈现不断上升的趋势（见图5-54）。经过三个五年规划的建设，2020年云南新型城镇化建设水平较2006年提高了3倍有余，但是建设水平的提升速度在不断下降，未来新型城镇化建设需逐步解决以上八大建设领域中存在的重点和难点问题。

在"十一五""十二五""十三五"三个五年规划期间，云南新型城镇化建设水平呈现不同的变化特征（见表5-14）。"十一五"期间，云南新型城镇化建设综合评价得分为0.303，八大建设领域的平均分为0.038，以此为标准对照八大领域建设的实际得分发现，人口转移、经济建设、空间布局、居民生活和社会保障未达到平均水平。"十二五"期间，

第五章　云南省新型城镇化建设水平评价

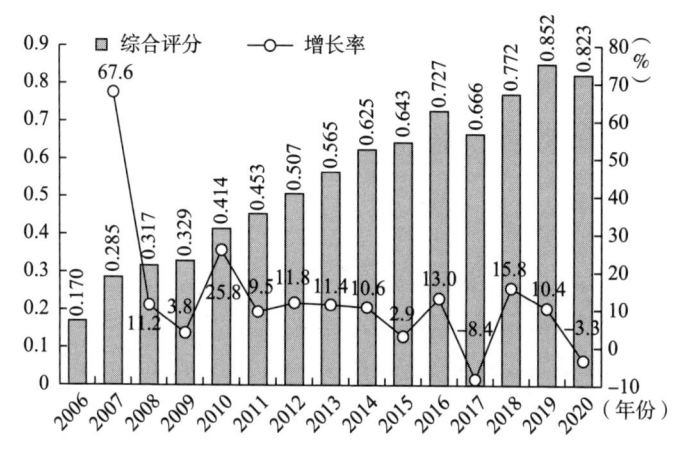

图 5-54　2006~2020 年云南省城镇化建设综合水平评分

云南新型城镇化建设综合评价得分为 0.559，八大建设领域的平均分为 0.070，以此为标准对照八大领域建设的实际得分发现，人口转移、经济建设、城乡统筹、空间布局和社会保障未达到平均水平。"十三五"期间，云南新型城镇化建设综合评价得分为 0.768，八大建设领域的平均分为 0.096，以此为标准对照八大建设领域的实际得分发现，人口转移、经济建设、基础设施、空间布局和城乡统筹未达到平均水平。"十一五"和"十二五"期间的城镇化建设，提升了城镇经济建设和城镇居民社会保障方面的水平，但"十三五"期间城乡统筹水平提升缓慢，处于平均水平以下。值得注意的是，人口转移、经济建设、空间布局三个方面的建设水平在三个五年规划建设周期中一直处于平均水平以下，且城镇基础设施和城镇空间布局水平在"十三五"期间出现倒退，综合得分分别为 0.085 和 0.013，低于"十二五"期间的建设水平。

表 5-14　云南省"十一五""十二五""十三五"期间城镇化建设水平

时间段	综合评分	人口转移	经济建设	基础设施	空间布局	居民生活	社会保障	资源环境	城乡统筹
2006~2010	0.303	0.012	0.036	0.075	0.011	0.036	0.022	0.070	0.040
2011~2015	0.559	0.035	0.054	0.094	0.014	0.092	0.063	0.140	0.067
2016~2020	0.768	0.059	0.090	0.085	0.013	0.143	0.116	0.187	0.075

四 "十四五"时期新型城镇化建设的重点

通过对云南省新型城镇化八大建设领域的综合分析，可以看出云南新型城镇化经历近20年的努力，总体水平不断提升，在城镇经济建设、城镇基础设施、城镇居民生活条件、城镇化居民社会保障以及资源利用和环境保护方面取得了长足的进步，但也存在一些短板。因此，从综合城镇化建设评价结果可以看出，"十四五"时期云南新型城镇化建设的重点应在补齐城镇经济建设、基础设施、居民生活、社会保障、资源环境等领域短板的基础上，全面加快推进人口转移、空间布局和城乡统筹3个领域的建设。

（一）"十四五"时期农业人口转移和落户仍然是新型城镇化建设的核心

2020年，云南省常住人口城镇化率只有50.05%，远低于2025年60%的目标。除昆明市以外，其他15个州市均需要提高常住人口城镇化率，尤其是有边境线的8个州市需要加快提升速度。2020年，云南省户籍人口城镇化率仅有

37.06%，和常住人口城镇化率有 12.99 个百分点的差距，两者的差距在 2016~2020 年并未缩小，需进一步降低户籍门槛，让农业转移人口、农民工能够实现市民化。

（二）进一步提高产业效率，优化产业结构，提高城市的经济吸纳能力

2020 年，云南省非农产业的增加值在全省地区生产总值中的比重达 85.3%，还未达到全国 92% 的水平，距离发达国家 95% 的水平还有差距，需进一步提高第二、第三产业的增加值。虽然自 2003 年开始，云南省城镇新增就业人数呈现不断增加的趋势，但是净增就业人数变化波动较大，反映了城市对就业人员的吸引力不稳定，经济吸纳能力亟待提高。

（三）控制城镇建设扩张速度，重点提高城镇建成区人口密度

2006~2020 年，云南省城镇建成区面积稳步扩大（由 1650.93 平方千米上升至 2780.17 平方千米），而建成区人口密度却逐年下降（由 7915 人/千米^2 下降至 6690 人/千米^2），反映出云南的土地城镇化速度快于人口城镇化速度。所以在"十四五"阶段，应控制城镇建设的扩张速度，提高建成区的人口密度，促进城市空间的合理利用和城市建设用地的集约利用。

（四）优化城镇体系，提高城市的经济和人口集中度，增强城镇的承载力

2006~2020 年，云南省城市建设用地集中度由 32.8% 提升至 45.5%，但城市经济集中度却由 56.6% 下降至 51.3%，人口集中度由 74.2% 下降至 62.1%。虽然城市规模不断扩大，但是经济和人口承载力却不断下降，因此未来城镇化建设应增强县城、建制镇的人口和经济承载力。

(五)重点提高农村居民收入和受教育水平,稳定城镇就业

预计"十四五"末,云南省居民人均可支配收入将增长到33280元。对照此目标,2020年城镇居民人均可支配收入已达37500元,农村居民人均可支配收入达12842元,城镇居民人均可支配收入已超过既定目标,而农村居民还存在20438元的收入缺口,提高农村居民人均可支配收入任重而道远。2020年,云南省人均受教育年限为10.82年,城镇居民受教育年限一般比农村居民高出两年,可完成既定目标,而农村居民还有两年的缺口才能达到2025年人均受教育年限12年的目标。

(六)持续提高城镇职工基本养老保险覆盖率,加快提高基本医疗和失业保险覆盖率

2025年末,云南省城镇职工基本养老保险覆盖率要达到90%,虽然2020年城镇职工基本养老保险覆盖率已达到54.28%,但是和2025年目标仍存在较大差距,还需努力持续提高。2020年,城镇职工三大保险的平均覆盖率仍低于全国平均水平,存在一定差距,主要的短板在于基本医疗和失业保险覆盖率不断下降。

(七)继续促进能源和水资源的集约利用,重视改善城镇空气质量

优化第二、第三产业结构,继续提高能源集约利用的效率,不断降低GDP增长所带来的能源消耗,减少环境污染。优化区域水资源配置,按照水资源环境承载能力,适度控制人口规模和城镇规模,保障水资源安全。推进城镇节水规划,县城及以上中心城市应编制城市节水专项规划,落实城市节水目标、任务、措施和保障机制。"十三五"期间,城

镇空气综合污染指数平均达到2.89毫克/米^3，是"十一五"和"十二五"期间平均空气综合污染指数的约2倍，"十四五"时期需重视城镇空气质量的改善。

（八）大力促进公共交通设施建设，减少环境污染

构建以公共交通为主体的城镇机动化出行系统，积极发展快速公共汽车等大容量地面公共交通系统，科学有序推进城镇轨道交通建设，有效缓解城镇交通拥堵问题。优化公共交通站点和线路设置，推动形成公共交通优先通行网络，提高覆盖率、准点率和运行速度。强化交通综合管理，有效调控、合理引导个体机动化交通需求。推动各种交通方式、城镇道路交通管理系统的信息共享和资源整合。

（九）进一步做好民族文化资源的保护和开发，彰显城镇特色

依据《云南省历史文化名城名镇名村名街保护条例》及其他相关规定对全省现有的95个（2021年）历史文化名城名镇名村名街实施保护与管理，构建历史文化名城（镇村街）保护体系，加强历史文化遗产挖掘，科学合理地展示与利用历史文化名城名镇名村名街。依托708个国家级传统村落，积极推进传统村落的发展，将村落的民族文化资源盘活并转化为经济优势，凸显民族特色。立足省情特点，顺应城镇发展规律，尊重自然、历史、民族文化，彰显城镇自然山水特色，保护与传承城镇文脉，突出地域民族文化，推动城镇绿色发展，全面提升城镇内在品质，彰显城镇特色。

（十）缩小城乡居民在收入、教育和医疗方面的差距，努力实现均等化

以乡村振兴战略的推进为契机，大力发展农村产业，提高留守农民的收入，同时大力发展非农产业，完善城镇公共

创业就业服务体系，创造更多就业岗位，提高农民工待遇，从而缩小城乡居民人均可支配收入差距。优化城乡教育资源配置，合理调整和优化区域内中小学布局，努力实现城乡义务教育均衡发展。缩小城乡医疗服务差距，加强以社区卫生服务为基础的城镇医疗卫生体系和以全科医生为重点的基层医疗卫生队伍建设，将县域新增卫生资源重点向农村社区倾斜。

第六章

云南省新型城镇化建设构想

2020年，云南省常住人口城镇化率达到50.05%，户籍人口城镇化率达到37.06%，仍低于全国平均水平。与全国2020年常住人口城镇化率60%相比，云南还存在近10个百分点的差距，这意味着云南在未来5到10年内仍具有较大的城镇化发展潜力。云南省受地理条件限制，经济发展落后，城镇建设起点低，人口素质不高，需要全面创新建设路径以实现新型城镇化的快速发展。

第一节　总体思路

为实现云南"十四五"规划中关于新型城镇化建设的目标，本书提出云南新型城镇化建设的总体思路：以创新发展理念为指导，按照习近平总书记提出的"建设我国民族团结进步示范区、生态文明建设排头兵、面向南亚东南亚辐射中心"[①]

[①] 《闯出一条跨越式发展的路子（沿着总书记的足迹·云南篇）》，《人民日报》2022年6月21日。

的要求，遵循"因地制宜、开放创新、市场主导、公平共享"的原则，以提高城镇化发展水平和质量为目标，以改革、开放和创新为主线，多途径加快培育新型城镇化发展新动力，依托各类边境口岸、重点城镇优化布局沿边城镇经济带，建设立体化边境城镇体系，大力改善边境城镇的基础设施，加快公共服务建设，积极推进房地产业发展和保障性住房建设，着力推进城乡一体化建设，利用区位优势和资源禀赋大力发展产业，以农民工为重点深化户籍制度改革，多方位保障农民工权益，切实提高城镇居民生活质量，加大对民族文化的保护和传承力度，维护民族团结与稳定。总之，要针对云南省城镇化建设实际，通过空间、产业和人口城镇化建设路径的全面创新，有力提高城镇化发展水平和质量。

第二节 基本原则

一 因地制宜原则

从云南省的省情出发，实事求是、量力而行，体现区域差异化，分地区、分类型、分层次选择适宜的城镇化发展模式、建设路径和推进方式，分类型规划城镇空间布局，差异化选择主导产业，分层次提升城镇功能，合理规划建设各类城镇，循序渐进推进城镇化。

二 开放创新原则

将对内对外双向开放与全面创新作为城镇化新动力培育、城镇经济带建设、城镇化建设新路径探索、体制机制改革的重要引领力量，以双向开放加快城镇化建设新动力培育，倒逼城镇化体制机制改革，以全面创新打造城镇经济带，探索城镇化建设新路径，全面提升云南省城镇化效率和质量。

三　市场主导原则

尊重城镇化发展的客观规律，充分发挥市场机制在城镇化进程中的决定性作用，以市场原则优化资源配置，不断提高资源利用效率，加快各类要素集聚和产业转移承接，更好地发挥政府在服务业创新发展、基础设施建设、公共服务供给质量提高、城镇规划管理和优化等方面的引导作用。

四　公平共享原则

以人民福祉水平提高为导向，全面拓展城乡居民参与城镇化建设的机会和路径，不断促进就业机会和公共服务获取的均等化，不断缩小城镇化进程中的地区差异，共享城镇化发展成果。

第三节　发展目标与任务

一　稳步提高城镇群的人口城镇化水平

到2025年，云南省常住人口城镇化率要达到60%，户籍人口城镇化率要达到40%。关于城镇群的城镇化水平，云南省的新型城镇化规划中提出了差异化发展目标，分布于大理、德宏、保山以及怒江泸水、兰坪2县的滇西城镇群，到

2025年的常住人口城镇化率要达到50%；分布于红河与文山两州的滇东南城镇群，到2025年常住人口城镇化率要达到54%；分布于普洱、西双版纳、临沧3州市的滇西南城镇群，到2025年的常住人口城镇化率要达到48%；分布于丽江、迪庆2州市及怒江福贡、贡山2县的滇西北城镇群，到2025年的常住人口城镇化率要达到45%。位于保山、德宏、怒江、红河、文山、西双版纳、普洱、临沧等州市边境地区的城镇，应以城镇群规划的城镇化率目标为基准，稳步提高其城镇化水平。

二 依托边境口岸城镇打造立体城镇体系

借助云南沿边经济带建设的契机，充分利用国家和省赋予的特殊政策，以对外贸易带动各项产业迅速发展，促进边境口岸型城镇经济社会全面快速发展。推动重点边境口岸城镇跨越式发展，加强口岸型城镇与毗邻国家"经贸多元"的合作，建立区域性物流枢纽、区域旅游服务中心、跨境经济合作区以及边境经济合作区，实现沿边城镇经济带建设优化。加强与口岸相邻国家城镇的密切联系，在完善口岸服务功能的同时，加强互联互通，使城镇功能与口岸功能相互融合、相互补充，推动口岸型城镇的发展。做强做优口岸城市，做特做精重点城镇，充分遵循地理特征，优化产业空间布局，依据资源分布状况、口岸地形条件，跳出地理单元，在非口岸区域进行布局，形成区域协调发展的新模式。

三 大力推进州市城镇质量建设

各州市城镇应大力推进多样化、特色化发展。重点推动各州市基础教育、医疗卫生、社会保障、商贸流通服务和支农服务等功能的完善；推动乡镇与中心村之间的设施网络建设，统筹基础设施和公共设施建设，增强城镇集聚和辐射功能，吸引农民进城入镇。

四　大力发展特色优势产业

打破传统产城分离的发展模式，树立功能复合理念，坚持产业和城镇"良性互动"，统筹安排产业、人居、交通、市政和公共服务设施，构筑功能完备、设施现代、环境优美、出行方便、自然风光秀丽、人文气息浓郁、充满活力的产城一体新型城镇功能格局，让有能力在城镇稳定就业和生活的人"进得来、留得住、融得进、能发展"。依托区位和资源优势发展特色产业，积极承接国内外劳动密集型产业转移，大力发展民族传统产业，围绕口岸经济实现产业集聚发展。

五　从多方面保障农业转移人口权益

全面实行流动人口居住证制度，把符合条件的农业转移人口转变为城镇居民。持续贯彻落实好云南省农业转移人口"兼有两个身份、同享城乡待遇、享有五项保留、提供五项保障"的政策制度。积极引导就地、就近城镇化，把小城镇和新型农村社区纳入城镇化建设体系。依托小城镇和新型农村社区，实现"就地就近城镇化、就地就近市民化、就地就近基本公共服务均等化"。全面推进城乡民生共享进程，创新基本公共服务均等化体制机制，积极推进城镇基本公共服务面向常住人口全覆盖，努力实现城乡制度有效衔接和无缝对接，建立健全统筹城乡的公共服务体系，努力提高城乡基本公共服务均等化水平，实现居民"同票同权、同命同价、同工同酬、同城同教、同地同保"基本公共服务的"五同"目标。

六 着力改善城镇居民生活质量

通过产镇融合发展，大力发展城镇产业，为城镇居民提供更多就业机会，切实提高其收入水平，完善城镇居民社会福利及保障。大力发展文化和体育事业，满足城镇居民多层次的精神需求。着力提升边境城镇的辐射带动功能，改善城乡接合部和小城镇人居环境，加快旧城区改造治理，加强保障性安居工程建设，为人民群众营造山清水秀、环境优美、生态宜居、安全舒适、高效便捷的人居环境。

七 民族文化保护与传承融入城镇化建设

严格保护现有历史文化名城名镇名村名街，积极开展挖掘普查工作，以不同类型和特色的历史文化名城名镇名村名街展现云南历史发展的多民族文化积淀。建设边境城镇民族传统特色风貌建筑，强化中小学校少数民族文化传承教育，大力弘扬优秀少数民族传统文化，加强与周边国家和地区的民族文化交流。

八 推进沿边小城镇和村寨就地就近城镇化

深入实施"兴边富民"工程，积极推进沿边地区城镇村寨发展，把沿边地缘优势转化为经济优势，凸显民族特色，实现固边守土，建设民族团结进步、边疆繁荣稳定示范区，

第六章 云南省新型城镇化建设构想

促进云南省沿边地区新型城镇化发展，维护边疆安全。鼓励和积极推进沿边小城镇和村寨就地就近城镇化，加大对此类地区产业发展和人居环境建设的扶持力度，特别是基础设施的建设和公共服务的覆盖，充分发挥其在守土固边中的作用。充分利用沿边地区丰富的民族文化资源，开展沿边地区城镇、村寨特色建设，实现沿边地区经济发展与文化保护的有机结合。

第七章
云南省新型城镇化建设路径

鉴于云南省新型城镇化建设的现状,借鉴国内外城镇化建设的有用经验,本着因地制宜、开放创新、市场主导、公平共享的基本建设原则,云南省政府应从城镇空间、产业、人口、居民生活质量和民族文化等层面构建云南省新型城镇化建设路径,以稳步提高云南省新型城镇化建设的水平和质量。

第一节 城镇体系建设路径

一 依托各级各类口岸优化布局沿边城镇经济带

云南省拥有口岸25个(其中一类口岸17个、二类口岸8个),是全国口岸大省。沿边25个县(市)共有一类陆路口岸12个、二类陆路口岸7个,一类铁路口岸1个,一类空港口岸1个,一类水港口岸1个。目前,沿边地区以口岸为基础的开发开放试验区、跨境经济合作区、边境经济合作区、境外经济合作区、综合保税区等合作平台不断创建、设立，但这些合作平台的发展尚处起步阶段，作为其载体的口岸、城镇规模普遍较小，经济基础薄弱。

本书认为应认真贯彻《云南省沿边城镇布局规划（2017—2030年）》中对于沿边口岸城市的定位和发展要求，充分发挥沿边口岸的三大增长极和五个特定组团作用，带动口岸周边城镇的经济增长，由点及线，再由线到面，构建以口岸城市为中心的沿边城镇经济带。

二 做强做优口岸城市

为了优化布局沿边城镇经济带，需要做强做优沿边地区口岸城市。依托当地资源，通过口岸城市的产业发展来支撑沿边城镇经济带的建设。对于保山和芒市，应重点发展现代物流、农产品加工、宝玉石加工、旅游、信息服务、小商品及新材料加工等产业，重点推进保山工贸园区、保山水长工业园区、芒市工业园区、盈江工业园区等产业园区建设。对于景洪，重点发展农林产品深加工、生物、商贸服务、旅游等产业，重点推进景洪工业园区及磨憨工业园区等产业园区建设。对于蒙自与河口，应重点发展现代物流、矿产加工及文化旅游等产业，重点推进蒙自工业园区、河口进出口加工特色工业园区建设。对于临沧，应重点发展矿电、特色农业及加工、文化旅游、化工等产业，重点推进临沧工业园区建设。对于普洱，应重点发展文化、建筑建材、生物制药、矿产资源及农产品替代种植等支柱产业，强化茶、林、电三项支柱产业和咖啡、蚕桑、橡胶三项骨干特色产业力量，重点推进普洱工业园区建设。对于文山，重点发展现代物流、矿产加工及文化旅游等产业，重点推进文山马塘工业园区、文山三七产业园区、富宁边境贸易加工园区等建设。

三　做特做精重点城镇

云南应引导沿边城镇在发展条件较好的特定区域密集发展，形成八个城镇组群。推进"腾冲—中和—猴桥口岸"干线公路沿线区域小城镇发展，打造"腾冲—猴桥城镇组群"。推进瑞丽、芒市、陇川区域一体化发展，重点推进"芒市—瑞丽—陇川"干线公路沿线区域小城镇发展，打造"芒市—瑞丽—陇川城镇组群"。推进"临沧—耿马—孟定口岸"干线公路沿线区域小城镇发展，打造"耿马—孟定城镇组群"。推进"思茅—孟连—勐阿口岸"干线公路沿线区域小城镇发展，打造"澜沧—孟连—勐阿城镇组群"。重点推进"景洪—勐腊县城—磨憨口岸"干线公路沿线区域小城镇发展，打造"景洪—勐腊—磨憨城镇组群"。推进"蒙自—河口"干线公路沿线区域小城镇发展，打造"河口—南溪城镇组群"。推进"文山—麻栗坡—天保口岸"干线公路沿线区域小城镇发展，推进麻栗坡、马关一体化发展，打造"麻栗坡—马关城镇组群"。推进"富宁—剥隘"干线公路沿线区域小城镇发展，打造"富宁—剥隘城镇组群"。

依据以上干线公路沿线小城镇所拥有的自然、区位和产业等资源，云南应将县城建设成为综合服务型城镇，将其余城镇发展成为现代农业型小城镇、工业型小城镇、旅游型小城镇、商贸型小城镇、边境口岸型小城镇、生态园林型小城镇及"三农"服务型小城镇七大特色小城镇类型，真正实现"一镇一特色"。

四 加大沿边城镇经济带互联互通建设力度

目前云南省已经形成以昆明为中心的放射状交通网络格局，有多条国际大通道经过沿边区域通往越南、老挝、缅甸，但沿边区域之间的横向交通联系仍很薄弱。同时，沿边区域能源保障网、水网、互联网等基础设施网络建设仍然滞后，阻碍了沿边区域发展。因此，应加大沿边城镇经济带互联互通建设力度。建立国家协商、协调机制，以"瑞丽—木姐""磨憨—磨丁""河口—老街"为试点，探索两国毗邻城镇之间路网、能源网、水网、互联网的互联互通，创新打造"两国一城联动发展"。

第二节 城镇建设路径

一 大力改善城镇基础设施

稳步提高城镇基础设施建设水平，推进城镇基础设施建设、维护和运营管理改革，加快形成功能完善、安全高效、适度超前的现代基础设施体系。首先，控制城市基础设施的建设规模的扩张速度不超过城市人口的增长速度，加快县城、建制镇的基础设施建设速度，尤其是县城的建设速度。其次，启动城市更新计划，对城市老旧基础设施进行更新改造，加快城市建成区的道路铺装速度，使人均城市道路面积达到国家平均水平，加大城市公共交通建设投入力度，大力发展公共交通运输，提高居民公共交通出行效率，减少环境污染。最后，全力提高全省公路网密度，加快推进公路联网化进程，大力增加高速公路里程，尤其要加快推进沿边地区城镇间以及跨境公路的互联互通。

二 加大城镇公共服务设施建设力度

加快城市基本教育、社会服务、医疗卫生、文化体育等公共服务体系建设，促进基本公共服务均等化。在城市新区开发、旧城改造中，按照标准和规范均衡建设中小学校、幼儿园及医疗卫生服务设施。实施文化惠民工程，加强科技文化馆（站）、图书馆、博物馆等公共文化服务设施建设。

加快发展学前教育，巩固提升义务教育，加快发展普通高中教育，建设现代职业教育体系，提高高等教育质量和开放合作水平。推进义务教育均衡发展，重点加强薄弱学校、农村寄宿制学校的改造，在财政拨款、教师配置等方面向农村学校倾斜，努力缩小沿边地区与内地的教育差距，建立城乡一体化义务教育发展机制，因地制宜加快中小学区域布局调整步伐。

将文山富宁、西双版纳景洪、红河河口等训练基地建设成为承接国内外体育训练的基地。全省各民族自治州、自治县应结合地方民族特色建设民族体育设施，逐步实现城乡体育设施服务均等化和特色化。加强基层公共体育设施建设。大力推动公共体育设施向社会开放，健全学校等企事业单位体育设施向公众开放的管理制度。

三 积极推进城镇房地产业发展和保障性住房建设

以《云南省人民政府关于促进房地产业平稳健康可持续发展的指导意见》为基础，积极推进城镇房地产业发展和保障性住房建设。坚持走精品特色发展之路，充分结合和发挥云南自然资源丰富、生态环境优美、民族风情浓郁、风光景色迤逦的特色与价值，重点发展具有云南特有风情的各类房地产精品。

大力推进公共租赁住房建设，适度建设廉租住房和限价房。把在城镇稳定就业的外来务工人员、新就业大学毕业生、符合条件的农转城人员纳入城镇保障性安居工程服务范畴。鼓励和引导民间资本通过投资参股、委托代建等形式参与城镇保障性安居工程建设。强化项目建设资金管理和质量安全管理，健全、完善后续管理制度，力争使城镇低收入人群住房困难问题得到基本解决。把城市棚户区改造作为城镇保障性安居工程建设重点，将非集中成片城市棚户区（危旧房）、城中村、旧住宅区纳入改造范围。优化城市棚户区改造布局规划，方便居民就业、就医、就学和出行，加快改造各类城市棚户区，努力消除城市二元结构，着力改善城市形象。

四　着力推进城乡一体化建设

促进城乡各种资源要素的合理流动和优化配置，加快建立城乡统一的人力资源市场，创新面向"三农"的金融服务体系，统筹发挥政策性金融、商业性金融和合作性金融的作用。加快基础设施向农村延伸，强化城乡基础设施连接，推动水电路气等基础设施城乡联网、共建共享。推进教育、卫生、医疗、文化、养老等服务的均等化，建立健全城乡均等化公共服务体系，提高农村基本公共服务标准和保障水平。推动城乡规划一体化，实现城镇建设与新农村建设良性互动。保障粮食安全和重要农产品的有效供给，加快推进高原特色农业发展。切实创新土地流转制度、户籍管理制度、就业制度、农民工权益保障制度、生态保护制度以及政绩考核制度等，保障农民各方面的权益，从而推进城乡一体化健康发展。

五 全面提升城乡人居环境

以《云南省人民政府关于开展城乡人居环境提升行动的意见》为依据，根据自身实际情况制定相关可行的实施方案。对于沿边中小城市环境治理，要加强污水、生活垃圾处理设施建设，加强城市公共服务体系建设，改善城市居住区环境；对于乡镇环境治理，要推进供水和治污设施建设，改造农贸集贸市场，加大集镇面貌整治力度；对于乡村环境治理，要改善村庄生活环境，加强传统村落保护和特色民居建设，保障农村人畜饮水安全；对于口岸城镇，要实施国门形象提升行动计划。实施保障性安居工程攻坚行动计划以及文化传承和居民文明素质提升行动计划。

第三节 城镇产业发展路径

一 依托区位优势和资源禀赋发展特色产业

培育龙头企业，发展种养大户，依托基本农田较为集中的几大坝区形成农业生产基地，结合地方气候条件和传统种植习惯，打造各类特色农产品生产基地，最终形成产量稳定，辐射范围适宜的粮食、原材料供应地。以生态、有机、绿色为方向，进行农业特色化发展，在保障粮食安全的基础上，因地制宜发展特色农业，以南方作物、热区作物、林果木材等经济作物为优先选择，大力打造云果、云菜、云茶、云药等"云系"农产品特色品牌。

立足沿边境外接壤区域资源和产业比较优势、市场需求，打通国内腹地和南亚、东南亚、非洲市场，以农产品、能源为主要原料，以生物加工、日用品轻工、生产性重化工为主要类型，结合各地基础条件发展特色突出的进出口加工业。立足沿边区域境内资源优势，依托现状基础，发展特色轻工业，将沿边地区特色农业优势转化成优质产品，提高国内国际市场份额，推动地区经济发展。重点特色产业门类包含蔗糖、咖啡、制茶、中草药、林纸、橡胶、板材及家具。依据沿边地区工农业产业基础，重点向生物创新资源利用、清洁可再生能源领域进行拓展，以中草药、生物医药、生物质能源、新材料为重点。

结合各地特色旅游资源，以文化体验、休闲度假、体育健身、商务会展、生态旅游、红色旅游、乡村旅游为主题，形成多元化、系列化、差异化的旅游产品。结合沿边地区接壤异国、联系腹地的区位条件，形成境内旅游和跨境旅游两大板块。以外向型经济为突破口，着力发展特色服务业，包括物流配套服务、金融服务、信息服务、咨询服务、人才培训、文化交流等。

二 积极承接国内外劳动密集型产业转移

通过国内产业承接和国际资源利用，以原料、市场两头在外产业为重点，积极拓展原料、市场、能源三头在外产业，整合地区优势条件和国外的政策、市场资源，建立面向周边国家的进出口产品深加工贸易基地、产品加工中转基地。

三　大力发展民族传统产业

从云南民族地区经济发展的状况来看，传统产业覆盖了民族地区现有的各类产业，因此，应大力发展对生物资源深度开发的产业，以及旅游业和烟草业等传统产业。其中生物资源包括以天然香料为代表的热带经济作物、绿色食品、花卉、中药材等。

四　围绕口岸经济实现产业聚集发展

结合沿边地区工农业布局门类，进口优势资源，打造出口品牌产品，依托紧密联系接壤国家的优势，逐步进入中南半岛乃至更大的国际市场。利用联系腹地面向南亚、东南亚的区位优势，结合境内外市场需求，做大做强进出口贸易。依托云南沿边城镇，围绕口岸经济实现农业、工业和轻工业的聚集发展。

五　着力完善产业经济发展环境

围绕口岸经济，着力优化口岸空间布局、等级结构、职能结构，完善口岸软硬件设施。按照扩大合作、强化功能、集聚产业的原则，利用税收、融资等优惠政策，吸引经济发展要素聚集，增强现有开发开放试验区、跨合区、边合区、保税区、互市贸易区、高新技术产业开发区和经济技术开发区的功能，打造面向南亚及东南亚开放合作的重要平台。根据境外产业发展方向，充分发挥比较优势，建成境内外产业联动、上下游产业衔接的境外投资合作基地。加快境外经济贸易合作区、工业园区、农业园区、木材加工园区、科技园区和物流园区建设。与周边国家和地区扩大投资合作范围，加强科技人文合作。扩大沿边开发开放试验区范围，加大财税支持力度，放宽金融政策，创新土地政策，提供配套政策。

第四节 人口城镇化路径

一 加大农民工劳动就业扶持力度

加强农民工职业培训，积极发展面向农村新成长劳动力的职业教育，完善和落实农民工就业创业政策，扶持云南特色劳务品牌促进就业，大力发展家庭服务业促进农民工就业。

二 统筹实施城乡义务教育

农民工输入地政府要将农民工随迁子女教育纳入当地教育发展规划，合理规划学校布局，科学核定公办学校教师编制，加大公办学校教育经费投入，建立输入地接受农民工随迁子女生均教育投入机制，保障农民工随迁子女在就业地平等接受义务教育的权利。统筹城乡义务教育资源均衡配置，逐步提高公办学校和优质学校招收农民工随迁子女的比例。

公办义务教育学校要普遍对农民工随迁子女开放，将其与城镇户籍学生混合编班、统一管理。进入城镇的农民工义务教育阶段随迁子女，与当地学生享受同等的"免补"政策。积极创造条件，尽可能满足农民工随迁子女接受普惠性学前教育的需求。对在公益性民办学校、普惠性民办幼儿园接受义务教育和学前教育的农民工随迁子女，采取政府购买服务等方式落实支持经费，指导和帮助学校、幼儿园提高教育质量。进一步健全和完善符合条件的农民工随迁子女小升初和接受义务教育后在云南参加升学考试的政策措施。

三　完善农民工养老保障体系

实施"全民参保登记计划"，依法推进农民工持续参加各项社会保险。将与用人单位建立稳定劳动关系的农民工纳入城镇职工基本养老保险和基本医疗保险范围。研究完善灵活就业农民工参加基本养老保险的政策，使其可以参加当地城镇职工或居民基本医疗保险。努力实现用人单位的农民工全部参加工伤保险，着力解决未参保用人单位的农民工工伤保险待遇保障问题。推动农民工参加失业保险、生育保险，使其平等享受待遇。

四　推进农村合作医疗与城市医保的衔接和转化

全省各地统一执行城乡居民基本医保政策，统一覆盖范围、统一筹资政策、统一保障待遇、统一医保目录、统一定点管理、统一基金管理。逐步理顺管理体制，建立统一经办服务、统一统筹层次的制度，确保服务和待遇持续提升、公平可及，满足群众基本医疗保障需求。

五　稳妥做好农村土地确权登记工作

建立归属清晰、权能完整、流转顺畅、保护严格的农村集体产权制度。健全农村土地承包经营权登记制度，强化对农村耕地、林地、草地等各类土地承包经营权的物权保护。完成农村土地承包经营权确权登记颁证工作，妥善解决农户承包地块面积不准、四至不清等问题。加快包括农村宅基地在内的农村集体土地所有权和建设用地使用权地籍调查，尽快完成确权登记颁证工作。将农村土地确权登记颁证工作经费纳入各级财政预算。

各级党委、政府要高度重视，农业、财政、国土、农办、法制、档案等部门要密切配合，确保按时完成农村土地确权登记颁证工作。巩固集体林权制度改革成果，提高林权证发证率和到户率。推进国有林场改革试点，探索国有林区改革。继续推进草原承包到户工作，做好草原承包经营权确权登记颁证工作。保障渔业水域滩涂养殖使用权，发放水域滩涂养殖证。

六 加快推进农村集体经济制度改革

继续加大扶持力度，实施农民合作社提升行动，重点打造省级示范社。鼓励农民兴办专业合作社、股份合作社和联合社等多元化、多类型合作社。实行部门联合评定示范社机制，分级建立示范社名录，把示范社作为政策扶持重点。引导财政投资项目直接投向符合条件的合作社，推动财政补助项目形成的资产变为社有股并移交合作社管护，指导合作社建立健全项目资产管护机制。逐步扩大农村土地整理、农业综合开发、农田水利建设、农技推广、劳动力培训等涉农项目由合作社承担的规模。对示范社建设鲜活农产品仓储物流设施、兴办农产品加工业给予补助。在信用评定基础上对示范社开展联合授信,有条件的地方给予贷款贴息,规范合作社开展信用合作的方式。完善合作社税收优惠政策,把合作社纳入国民经济统计范围并作为单独纳税主体进行税务登记,做好合作社发票领用等工作。创新符合合作社生产经营特点的保险产品和服务。建立合作社带头人人才库和培训基地,广泛开展合作社带头人、经营管理人员和辅导员培训,引导高校毕业生到合作社工作。落实设施农用地政策,合作社生产设施用地和附属设施用地按农用地管理。

七 创新农村土地流转机制

充分尊重和保障农户的市场主体地位与生产经营自主权。坚持依法自愿有偿原则,引导农村土地承包经营权有序流转,鼓励和支持承包土地向专业大户、家庭农场、农民合作社、农业庄园流转,发展多种形式的适度规模经营。土地流转不得搞强迫命令,确保不损害农民权益、不改变土地用途、不破坏农业综合生产能力。探索建立严格的工商企业租赁农户承包耕地(林地、草原)准入和监管制度。健全县、乡、村三级土地流转服务体系和土地纠纷调处仲裁机制,将专项建设补助经费纳入各级财政预算。规范土地流转行为,强化信息沟通、政策咨询、合同签订、价格评估、档案管理、备案登记等管理服务。

八 做好农村优惠政策衔接工作

依法保障农民工的农村土地承包经营权、宅基地使用权和集体经济收益分配权。认真做好农村土地承包经营权、林权、宅基地使用权和农房所有权的确权登记颁证工作。

依法保障农民工公平分享土地增值收益，完善土地承包经营纠纷调解仲裁体系和调处机制。深化农村集体产权制度改革，探索农村集体经济多种有效实现形式，保障农民工集体经济组织成员权利。妥善处理好农民工及其随迁家属进城落户后的土地承包经营权、林权、宅基地使用权、集体经济收益分配权问题。不得将放弃土地承包经营权、林权、宅基地使用权、集体经济收益分配权作为农民进城落户的条件。

九 深化户籍管理制度改革

（一）全面实行居住证制度

推进居住证制度覆盖全部未落户城镇常住人口，以居住证为载体，建立健全与居住年限等条件相挂钩的基本公共服务提供机制，并将居住年限等条件作为申请登记居住地常住户口的重要依据。完善居住证制度，保障居住证持有人在居住地享有义务教育服务、基本公共就业服务、基本公共卫生服务、公共文化体育服务、法律援助和法律服务以及国家规定的其他基本公共服务。不断扩大对居住证持有人的公共服务范围并提高服务标准，缩小与户籍人口基本公共服务的差距。

（二）取消落户限制

沿边地区常住人口 100 万人以下的中小城市和小城镇取消落户限制，城区常住人口 100 万～300 万人的城市要全面取消落户限制。城市政府要探索采取差别化、精准化落户政策，积极推进建档立卡农村贫困人口落户。允许租赁房屋的常住人口在城市公共户口落户。

第五节 城镇居民生活质量改善路径

一 切实提高城镇居民的就业收入

(一)促进就业,提高城镇居民收入

建立产业园区,明确各地区间产业链的分工合作,完善相关的基础设施,强化区域合作,发挥各自的比较优势,在一定程度上实现服务机制的创新,从而为产业发展提供良好环境。通过扩大沿边地区产业规模,进一步降低相关的生产、交易成本,从而带动经济增长。加强就业政策调整,促进第三产业就业,注重个人投资引导,打造服务产业平台,优化创业社会环境。给予当地企业更多贷款政策优惠,解决中小企业融资难问题,以激发企业的发展活力,从而促进就业。

(二)增资减税,提高城镇居民收入

提高工资待遇标准,提高养老金待遇、最低工资标准和社会保障性收入标准,推进税收体制改革,完善税收再分配职能。

(三)缩小居民收入差距

促进教育均等化,增加对城镇中贫困人口的人力资本投入。消除城镇就业中的性别歧视,保障女性在就业市场中的权益。促进劳动力市场一体化,促进劳动力跨地区自由流动,缩小地区分割造成的地区收入差异。

二 提高城镇居民的社会福利水平

努力缩小城镇居民收入差距,不断完善社会福利政策,推进福利制度改革。一方面,进行税制结构优化,不断扩大税基,以家庭为单位设置不同的税种,实现收入的分配和再分配;另一方面,加大财政补贴力度,特别是低收入家庭与贫困家庭的直接补助。除此之外,还需从其他方面提高城镇居民社会福利,主要包括:一是努力降低城镇居民的居住成本,提高住房保障率;二是加强对民众的心理关怀,着力培养健康的社会心态;三是对受教育水平不高且具有劳动能力的城镇居民进行职业技能培训,增强其谋生能力,并将此作为长效机制予以完善。

三 大力发展城镇文化体育事业

(一) 加快建设覆盖面更广的城镇公共文化服务体系

加快建设覆盖面更广的城镇公共文化服务体系,更好地满足人民群众的基本文化需求。坚持政府主导与社会参与并重,以基层文化建设为重点,加强制度建设,创新内容形式,丰富资源总量,促进城镇公共文化体系建设的可持续发展。推动城镇公共美术馆、图书馆、文化馆免费开放。加大文化建设投入力度,把工作重点、文化资源和文化服务向基层倾斜。

(二) 进一步繁荣文学艺术创作

进一步繁荣文学艺术创作,多出精品佳作。继续加强对民营院团的扶持,积极落实市场准入、职称评定等方面的优惠政策,发挥民营院团在繁荣文艺舞台、文化市场和文化生活中不可替代的作用,提高它们为基层、为群众演出和服务的积极性。

(三) 深入推进文化体制改革

深入推进文化体制改革,为文化发展提供动力。加快沿边地区市县级院团的转企改制试点工作，积极推进公益性文化事业单位的人事、收入分配和社会保障改革，全面推行聘用制和岗位责任制。

（四）加强文化遗产保护工作

加强文化遗产保护工作，弘扬优秀传统文化。实施好文化遗产保护的重点项目，加强建设工程中的考古和文物保护，加大对非物质文化遗产名录项目的保护、检查和督导力度。将非物质文化遗产名录项目的展示与传习基础设施建设纳入公共文化服务体系建设，充分利用文化遗产日和民族传统节日，加强文化遗产宣传、展示。

（五）开展对外文化交流

积极开展对外文化交流，通过多种交流合作方式，大力推动沿边地区的文化产品和服务走向国外。以跨境旅游、文体赛事、民族节庆、会议会展等为载体，积极开展形式多样的跨境文化交流合作和文化人才培训，推进边境"国门文化"建设，讲好"中国故事"云南篇章。构建立体多样的对外传播体系，增强云南文化的国际传播能力。加快建设面向南亚东南亚人文交流中心，推进与南亚东南亚国家在文化艺术、新闻出版、广播影视、文化遗产联合保护开发等领域的交流合作，拓展对外文化交流和传播渠道。利用国家平台和国际舞台展示云南文化，积极参与部省合作共建文化中心工作。鼓励人民团体、民间组织、民营企业等开展对外文化交流合作，拓展民间交流合作领域。

（六）切实推进体育事业的健康发展

进一步增强政府的体育公共服务职能，贯彻落实好《云南省全民健身实施计划（2021—2025年）》，进一步加强体育公共设施建设，全面建成覆盖城镇且比较完善的全民健身服务体系。根据当地实际条件，积极推进大众健身、竞赛表演、体育旅游等活动的开展。

四 加快营造城镇宜居环境

沿边地区城镇按照"干净、宜居、特色"的要求，建设特色鲜明、功能完善、生态优美、宜居宜业的"美丽县城"。通过三个方面的措施来打造美丽县城：其一，整治环境卫生，包括推进"厕所革命"，加强生活污水、垃圾处理设施建设，改造老旧小区，整治违法违规建筑，加强农贸市场建设，净化城镇空间环境；其二，营造宜居环境，包括加强县城路网建设，加快推进停车场建设，加强供排水设施、信息基础设施、教育设施、医疗卫生设施、公共安全设施、公共文化和旅游服务设施建设，加强居民住房保障，开展县城绿化美化行动，加快建设城市公园；其三，打造县城特色风貌，包括加大建筑外立面改造力度，民族自治县和边境县、市风貌提升改造要凸显民族特色、地域特色和国门口岸形象，每个县城打造若干条特色鲜明的主题街区或者历史文化街区、民族风情街区，做好县城内重要历史建筑、历史街区的保护和修缮工作，弘扬传统文化和地域文化，提升县城文化内涵。

第六节 民族文化保护和传承路径

一 强化城镇民族传统特色风貌建设

学习和借鉴香格里拉、西盟、沧源等一些民族地区特色风貌城镇建设经验,通过特色风貌城镇建设,提升城市品位,改善人居环境,提高城市的知名度和美誉度。推进民族地区特色风貌城镇建设,加强城市设计,保护历史遗产,彰显民族文化,强化风貌管控,全面遵循"适用、经济、绿色、美观"建筑方针,在城镇建设中更好地体现地域特征、民族特色和时代风貌,构建与时代发展相呼应的特色文化、与自然环境相映衬的建筑体系、与地域特征相和谐的空间格局。

二 加大民族文化挖掘和保护力度

加快推进对具有保护价值的城镇、传统地段、历史建筑、非物质文化遗产等的全面普查和建档工作,全面摸清沿边地区历史文化遗产的类型、数量、分布、特征、保护现状等基本情况。强化历史文化名城名镇及历史文化街区保护管理工作,按照城市"紫线"管理要求制定和落实规划管制措施,按原有形式修缮历史建筑、传统建筑,按照原有风貌整治城镇街道、水系等环境,使其能充分体现传统特色和历史文脉。鼓励保护性利用历史建筑,提高历史建筑活化水平,适度有序发展与历史建筑相适应的文化创意、休闲旅游、文化体验、文化研究以及其他形式的特色经营活动。积极完善历史文化名城名镇及历史文化街区内的市政基础设施,提高人居环境质量,满足居民生活需求。依据历史文化名城名镇及历史文化街区保护规划,有序推进城市棚户区改造和旧城整治,严格区分历史街区、传统街巷和棚户区,切忌大拆大建,通过合理的保护整治,使之既满足现代生活需要,又能保持和延续城镇历史风貌、民族特色。

三 强化中小学校民族文化传承教育

强化中小学校民族文化传承教育，以民族地区学校的语言传承、知识传承、文艺传承为教育重点，基于国家政策、家庭和社会参与、教育评价与考试等外在环境因素，推动学校开展基于民族文化价值的课程与教学活动，促进学生通过民族文化传承实现全面发展，显著提升民族文化学校传承的价值性和长效性。以鲜活的民族文化活动为载体，营造民族文化教育"生境"；促进学校教育与社会教育联动，形成民族文化教育合力；优化民族文化教育方式，增强体验与参与式教育；优化实施策略，实现民族文化教育均衡发展。

四 大力弘扬民族优秀传统文化

首先，将民族优秀传统文化与城镇化同步推进，把文化基础设施、文化产业投入等纳入城镇化考核指标。丰富民族地区群众的精神文化生活，建设好文化基础设施和公共服务区。在县级层面，建设数字影院、图书馆，有条件的可以建设博物馆；在农村建立具有独立功能的文化广场和活动中心，为弘扬少数民族优秀传统文化搭建好基础设施。

其次，大力推动民间文艺的繁荣。通过举办不同层次和规模的文艺汇演、艺术节、民俗表演等活动，发展戏曲、绘画、雕塑等民间艺术，提高民众对少数民族优秀传统文化的认知。通过制定选拔措施，培养专业的少数民族优秀传统文化表演队，定期为广大群众进行表演，以弘扬少数民族优秀传统文化。

再次，通过打造特色旅游活动，传承和弘扬少数民族优秀传统文化。具有旅游资源的民族地区城镇，可以将民族文化融入旅游休闲活动，将传统民族文化表现方式转化为游客更加喜闻乐见的文化方式。

最后，完善少数民族文化发展政策。出台并落实政策，将公共文化产品和服务、公益性文化表演活动等纳入财政支出预算，保证其顺利运行。鼓励各企业单位参与城镇化进程中的公共文化服务，丰富服务内容和方式。鼓励政府在条件具备的情况下创建文化产业园，整合文化资源，带动区域文化发展。依据国家文化捐赠优惠税收政策，设立文化发展基金，吸引社会资本，投入文化建设。

五　加强与周边国家和地区的民族文化交流

加强民族文化特色产品的对外推广，让更多的民族文化特色产品走出国门、打破地域界限，促进与周边国家地区之间的互通共融。云南各高校应积极承担弘扬民族文化的历史使命，吸收和创新周边国家与地区的优秀民族文化，同时传播云南的民族文化，实现跨境文化交流。在民族文化跨境交流中，坚持主导性与多元性的统一，掌握民族文化对外交流的精神内核，培育富有竞争力的民族文化品牌，提高民族文化发展水平。

参考文献

柴尔德，1954，《远古文化史》，周进楷译，群联出版社。

曹贵雄、黎莹，2018，《口岸型城镇化进程中边境互市与边民互惠研究——以云南河口为例》，《广西民族大学学报》（哲学社会科学版）第1期。

陈瑞生，2014，《边疆少数民族地区农村留守儿童成长困境、形成原因及对策研究——以云南省广南县为例》，硕士学位论文，云南师范大学。

城市中国计划，2016，《国家新型城镇化指标体系及若干问题研究》，人民日报出版社。

戴为民、侍仪、陈雪梅，2012，《安徽省空间城市化安全指标体系构建及测度》，《地域研究与开发》第6期。

单卓然、黄亚平，2013，《"新型城镇化"概念内涵、目标内容、规划策略及认知误区解析》，《城市规划学刊》第2期。

段进军、殷悦，2014，《多维视角下的新型城镇化内涵解读》，《苏州大学学报》（哲学社会科学版）第5期。

冯尚春，2005，《中国特色城镇化道路与产业结构升级》，《吉林大学社会科学学报》第 5 期。

高晶、关涛、郎宏文，2015，《推进我国新型城镇化发展的路径探讨》，《经济纵横》第 8 期。

葛明岩、刘贵福，2015，《新型城镇化的路径选择：建设生态化城镇》，《广西社会科学》第 4 期。

管卫江、李青，2011，《云南边疆民族地区杂居民族关系问题刍议》，《中共云南省委党校学报》第 6 期。

郭昆、李崇科，2012，《云南边境少数民族社会保障制度研究》，《玉溪师范学院学报》第 12 期。

韩爱华、赵炜涛、何海，2017，《贵州省城镇化质量指标体系的构建与评价》，《统计与决策》第 4 期。

黄亚平、林小如，2013，《欠发达山区县域新型城镇化路径模式探讨——以湖北省为例》，《城市规划》第 7 期。

贾晓华，2017，《内蒙古牧区城镇化发展研究》，中国经济出版社。

江波，2017，《"以人为核心"的城镇化：内涵、价值与路径》，《苏州大学学报》（哲学社会科学版）第 3 期。

康蔚林，2015，《云南省农村人口毒品滥用状况及其防治策略的实证研究》，硕士学位论文，云南师范大学。

蓝庆新、刘昭洁、彭一然，2017，《中国新型城镇化质量评价指标体系构建及评价方法——基于 2003—2014 年 31 个省市的空间差异研究》，《南方经济》第 1 期。

李红燕、邓水兰，2017，《新型城镇化评价指标体系的建立与测度——以中部六省省会城市为例》，《企业经济》第 2 期。

李明秋、郎学彬，2010，《城市化质量的内涵及其评价指标体系的构建》，《中国软科学》第 12 期。

参考文献

李拓，2017，《中国新型城镇化的进程及模式研究》，中国经济出版社。

李亚卿，2014，《以小微古村镇为产业集聚地的苏南新型城镇化路径分析》，《贵州社会科学》第 2 期。

李燕娜，2020，《湖南省新型城镇化质量指标体系构建及评价研究》，《中国农业资源与区划》第 2 期。

梁本凡，2016，《中国特色社会主义城镇化的内涵与特质研究》，《江淮论坛》第 5 期。

廖中举、张志英，2020，《省际新型城镇化发展水平测度与比较》，《统计与决策》第 20 期。

刘春雨、刘英英、李萍、陈秋霞，2019，《生态文明视角下泉州市新型城镇化发展水平研究》，《中国农业资源与区划》第 12 期。

刘士义，2017，《我国新型城镇化的内涵及金融支持路径》，《城市发展研究》第 7 期。

芒福德，刘易斯，2005，《城市发展史：起源、演变和前景》，宋俊岭、倪文彦译，中国建筑工业出版社。

吕丹、叶萌、杨琼，2014，《新型城镇化质量评价指标体系综述与重构》，《财经问题研究》第 9 期。

闵忠荣、徐威、李志，2016，《基于第三方评估的新型城镇化指标体系构建与应用——以江西省为例》，《城市发展研究》第 8 期。

倪鹏飞，2013，《新型城镇化的基本模式、具体路径与推进对策》，《江海学刊》第 1 期。

潘昭佑，2010，《云南民族地区养老模式研究》，博士学位论文，云南大学。

彭红碧、杨峰，2010，《新型城镇化道路的科学内涵》，《理论探索》第 4 期。

戚晓旭、杨雅维、杨智尤，2014，《新型城镇化评价指标体系研究》，《宏观经济管理》第 2 期。

沙学浚主编，1976，《云五社会科学大辞典》第 11 册，台湾商务印书馆。

宋连胜、金月华，2016，《论新型城镇化的本质内涵》，《山东社会科学》第 4 期。

宋亚平、项继权，2014，《湖北新型城镇化转型与治理研究》，湖北科学技术出版社。

谭鑫，2015，《西部地区城镇化可持续发展能力与指标建构》，《学术探索》第 8 期。

唐志红，2015，《基于人口空间分布特征的新型城镇化路径分析——以四川省为例》，《西北农林科技大学学报》（社会科学版）第 1 期。

汪波，2017，《新型城镇化与苏南区域治理变迁》，中国经济出版社。

王博宇、谢奉军、黄新建，2013，《新型城镇化评价指标体系构建——以江西为例》，《江西社会科学》第 8 期。

王冬年、盛静、王欢，2016，《新型城镇化质量评价指标体系构建及实证研究——以河北省为例》，《经济与管理》第 5 期。

王海燕，2013，《美国城镇化发展的特点和启示》，《经济研究参考》第 36 期。

王金涛，2016，《动员驱动：当代中国城镇化的显著特征》，《农村经济》第 10 期。

王平，2014，《民族地区新型城镇化的路径与模式探究——以甘肃省临夏回族自治州临夏市为个案》，《民族研究》

第 1 期。

王瑞鹏、郭宁，2012，《新疆城镇化过程特征与评价——基于对两种指标体系对比分析的视角》，《生态经济》第 10 期。

王素斋，2013，《新型城镇化科学发展的内涵、目标与路径》，《理论月刊》第 4 期。

王玉珍等，2016，《山西推进新型城镇化的瓶颈和对策研究》，经济科学出版社。

温宝臣，1999，《云南城市化研究》，云南科技出版社。

吴国培、吴伟、方晓炜，2015，《中国新型城镇化路径选择和成本测算》，《亚太经济》第 1 期。

武立民，2014，《云南省农民工社会保障问题研究》，硕士学位论文，云南财经大学。

吴业苗，2016，《人的城镇化的基本内涵与实现条件》，《城市问题》第 9 期。

夏南凯、程上，2014，《城镇化质量的指数型评价体系研究——基于浙江省的实证》，《城市规划学刊》第 1 期。

肖朝霞，2016，《滇西边境贫困地区新型城镇化发展路径研究——以施甸县蒜园村为例》，《保山学院学报》第 6 期。

徐选国、杨君，2014，《人本视角下的新型城镇化建设：本质、特征及其可能路径》，《南京农业大学学报》（社会科学版）第 2 期。

斯密，亚当，2001，《国富论》（上卷），杨敬年译，陕西人民出版社。

杨传开、张凡、宁越敏，2015，《山东省城镇化发展态势及其新型城镇化路径》，《经济地理》第 6 期。

杨佩卿、姚慧琴，2016，《西部城镇化的历史演变、特征及未来路径》，《西北大学学报》（哲学社会科学版）第2期。

余江、叶林，2018，《中国新型城镇化发展水平的综合评价：构建、测度与比较》，《武汉大学学报》（哲学社会科学版）第2期。

袁坤，2016，《中西部山区新型城镇化路径选择研究》，《理论与改革》第3期。

岳红波，2012，《流动人口就业问题研究——以昆明市为例》，硕士学位论文，云南财经大学。

张金鹏、保跃平，2013，《云南边疆民族地区跨境婚姻与社会稳定研究》，《云南民族大学学报》（哲学社会科学版）第1期。

张新文、张国磊，2015，《基于政府职能转变的民族地区新型城镇化发展路径选择研究——以广西为例》，《当代经济管理》第9期。

张许颖、黄匡时，2014，《以人为核心的新型城镇化的基本内涵、主要指标和政策框架》，《中国人口·资源与环境》第S3期。

张永岳、张传勇、胡金星，2017，《"一带一路"战略下民族地区新型城镇化路径探讨》，《西南民族大学学报》（人文社科版）第1期。

赵大山、曹荣林，2014，《云南边境口岸地区新型城镇化发展路径探析》，《山东师范大学学报》（自然科学版）第2期。

郑蕊、杨光磊、邓莹，2017，《绿色技术进步指数与新型城镇化水平的测算》，《统计与决策》第15期。

钟业喜、李晓园，2016，《江西推进新型城镇化建设研究》，

参考文献

经济管理出版社。

周冲、吴玲，2014，《城乡统筹背景下中国经济欠发达地区新型城镇化路径研究》，《当代世界与社会主义》第1期。

朱洪祥、雷刚、吴先华、刘阳强，2011，《基于预警指标体系的城镇化质量评价——对山东省城镇化质量评价体系的深化》，《城市发展研究》第12期。

Meijers, E., and D. Stead. 2004. "Policy Integration: What Does It Mean and How Can It Be Achieved? A Multi-disciplinary Review," Berlin Conference on the Human Dimensions of Global Environmental Change: Greening of Policies-Interlinkages and Policy Integration, edited by E. Meijers and D. Stead.

Rogers, D. L., and D. A. Whetten. 1983. *Interorganizational Coordination: Theory, Research, and Implementation,* Iowa State University Press.

后 记

本书是在云南省省院省校教育合作人文社科项目"云南边疆少数民族地区新型城镇化建设路径探索"研究成果的基础上撰写完成的。首先，感谢项目全体成员给予本书的大力支持与帮助，其中特别感谢云南大学刘亚丽博士、云南民族大学秦超副教授和云南师范大学邵慧敏教授做出的贡献。其次，感谢苏州大学段进军教授及云南省人民政府研究室简光华处长的帮助。再次，感谢云南大学工商管理与旅游管理学院领导及老师的支持和帮助。最后，感谢社会科学文献出版社领导及编辑的辛勤付出，是他们让本书得以顺利出版。

陈　军　秦德智
2023 年 4 月 3 日于昆明

图书在版编目(CIP)数据

云南新型城镇化建设路径探索/陈军,秦德智著. -- 北京:社会科学文献出版社,2023.5
ISBN 978-7-5228-1698-2

Ⅰ.①云… Ⅱ.①陈…②秦… Ⅲ.①城市化-建设-研究-云南 Ⅳ.①F299.277.4

中国国家版本馆 CIP 数据核字(2023)第 066885 号

云南新型城镇化建设路径探索

著　　者 / 陈　军　秦德智

出　版　人 / 王利民
组稿编辑 / 宋月华
责任编辑 / 韩莹莹
文稿编辑 / 陈　冲
责任印制 / 王京美

出　　版 / 社会科学文献出版社·人文分社 (010) 59367215
　　　　　地址:北京市北三环中路甲 29 号院华龙大厦　邮编:100029
　　　　　网址:www.ssap.com.cn

发　　行 / 社会科学文献出版社 (010) 59367028
印　　装 / 三河市东方印刷有限公司

规　　格 / 开　本:889mm×1194mm　1/32
　　　　　印　张:8　字　数:185 千字
版　　次 / 2023 年 5 月第 1 版　2023 年 5 月第 1 次印刷
书　　号 / ISBN 978-7-5228-1698-2
定　　价 / 98.00 元

读者服务电话:4008918866

版权所有 翻印必究